PREUVES
DE LA VÉRITÉ
DE
LA RELIGION
CHRÉTIENNE.

ÉVIDENCES

OF THE

CHRISTIAN RELIGION

BRIEFLY AND PLAINLY STATED.

J. BEATTIE.

PREUVES
DE LA VÉRITÉ

DE LA

RELIGION CHRÉTIENNE,

PRÉSENTÉES DANS UN EXPOSÉ SIMPLE ET RAPIDE

Par JAMES BEATTIE,

Professeur de Philosophie morale au Collége Mareschal d'Aberdeen ;
Membre de la Société des Arts et des Sciences de la Zélande, et
de la Société littéraire et philosophique de Manchester ;

TRADUIT DE L'ANGLAIS SUR LA SIXIÈME ÉDITION,

AUGMENTÉ DE NOTES ET ORNÉ DU PORTRAIT DE L'AUTEUR ;

Par F. S. JAQUIER,

Pasteur, Président du Consistoire de l'Église évangélique de Clairac
(Lot et Garonne).

A PARIS,

CHEZ HENRI SERVIER, LIBRAIRE,

RUE DE L'ORATOIRE, n° 6.

1825.

AVANT-PROPOS

DU

TRADUCTEUR.

Dans l'état actuel des connaissances humaines, avec les lumières du XIXe siècle, et après les coups que s'étaient hautement flattés d'avoir porté, dans ces derniers temps, à la religion de Jésus, des adversaires habiles et redoutables, le christianisme peut-il soutenir encore l'examen de la raison? ou bien n'y aurait-il plus désormais aucune distinction à faire entre la révélation chrétienne, telle qu'elle est contenue dans nos saints livres, et les puériles histoires de la légende, ou les fables grossières du paganisme? Proscrirons-nous comme déraisonnables et absurdes, les dogmes et les préceptes de l'Évangile; ou nous serait-il possible de montrer que ces dogmes et ces préceptes ne sont nullement incompatibles avec les idées d'une saine philosophie ?

Il a été écrit beaucoup de choses, plus ou moins spécieuses d'un côté, plus ou moins solides de l'autre, dans le but de faire prévaloir l'une ou l'autre de ces assertions. Et sans doute, qu'abstraction faite de tous les sarcasmes injurieux, de toutes les indécentes railleries dont ne firent que trop souvent usage dans l'attaque, des esprits frivoles et légers, des cœurs dépravés et corrompus; genres d'argumens qui, dans un sujet aussi grave et aussi sérieux, doivent être toujours sévèrement écartés; ce serait une entreprise curieuse autant qu'utile, de peser dans une juste balance les raisons que l'on apporte pour et contre, et de les mettre pour ainsi dire en parallèle. Ce travail, s'il était entrepris avec candeur et avec un désir sincère de rechercher la vérité, fournirait au moins un moyen sûr de se décider avec une entière et parfaite connaissance de cause; et, selon toute apparence, on aurait la satisfaction de voir le résultat conduire à cette importante conclusion, énoncée, il y a plus de deux siècles, par l'un des génies les plus éminens qui ait illustré l'Angleterre, et si souvent confirmée depuis par l'expérience; « qu'un peu de » philosophie conduit à l'incrédulité; mais » que beaucoup de philosophie ramène à » la religion. »

L'auteur de ce petit traité n'embrasse point un plan aussi vaste et qui exigerait un ouvrage de longue haleine. Le but qu'il a en vue, et qu'il énonce avec beaucoup de modestie dans son introduction, n'est point de convaincre, d'autorité, tous ceux qui le liront, mais seulement d'éloigner de leur esprit toute prévention injuste contre le christianisme, de provoquer de leur part un examen réfléchi et impartial; de montrer, en un mot, que les preuves qui établissent la vérité de la révélation chrétienne, sont au moins assez fortes pour fixer sérieusement l'attention d'un homme sage ; et que cette révélation, par sa nature, par les sublimes vérités qu'elle enseigne, les devoirs qu'elle développe ; par les grands principes de bienveillance et de sociabilité qui en forment le caractère distinctif, par son harmonie admirable avec les vrais intérêts et les besoins de l'humanité, par la force des motifs qu'elle offre à la vertu et les graves conséquences qui en découlent, commanderait encore le respect, alors même que ses preuves n'auraient pas opéré une entière conviction.

Si nous avons égard à la qualité de l'auteur de cette courte apologie, son témoignage sera pour nous d'un grand poids. Ce n'est pas ici, en effet, comme on l'a souvent reproché, et quelquefois sans doute avec bien de l'injustice, aux défenseurs de la doctrine chrétienne; ce n'est pas ici l'ouvrage d'un homme voué par état et par devoir au triomphe d'une cause

« qui le fait vivre, » d'un homme, « sala-
» rié pour avoir de la foi, » et « dont le
» témoignage, par conséquent, mérite peu
» de confiance. » L'auteur ne remplit aucune fonction dans l'Église; il ne paraît attaché à aucune secte particulière. Ce n'est ni un prêtre du culte romain, ni un ministre du saint Évangile, c'est un laïque, un philosophe, qui expose nettement, avec ordre et simplicité, mais aussi avec dignité et avec force, les puissans motifs qui ont entraîné sa conviction et déterminé sa croyance. Disons un mot pour le faire mieux connaître.

James Beattie, fils d'un simple fermier écossais, s'acquit dans sa patrie une réputation précoce et distinguée. Il fit ses premières études à Lawrencekirk, lieu de sa naissance; puis au collége Mareschal d'Aberdeen, sous le savant Thomas Blackwell. Il avait un goût naturel pour la poésie, et publia, à l'âge de vingt-cinq ans, un recueil composé d'odes, d'élégies et d'une *traduction des Eglogues de Virgile*, qui annonçait un goût sain, du talent et une disposition d'esprit philosophique plutôt qu'une grande chaleur d'imagination ou de sentiment. Ce fut à cette époque qu'il obtint une chaire de philosophie, dans le même collége où il avait fait ses études. Dès lors il dirigea tous ses travaux vers la nouvelle carrière qui s'ouvrait devant lui. Et c'est aussi dans la philosophie morale et critique, que Beattie s'est particulièrement distingué. On a de lui plusieurs ouvrages remarquables qu'il publia sous le titre modeste d'*Essais*. On cite principalement son *Essai sur la poésie et la musique* (1), celui *sur le rire et les ouvrages de plaisanterie;* celui *sur l'utilité des études classiques;* enfin, celui *sur la mémoire et l'imagination,* faisant partie de ses cours de philosophie. On lui doit aussi une *Théorie du langage,* qui est une de ses

---

(1) 1 vol. *in-*8°. Prix : 4 fr. A Paris, chez *Servier.*

meilleures productions, et deux volumes intitulés *Élémens de la science morale,* ouvrage fort estimé, et qui est un résumé de ses leçons à l'université d'Aberdeen.

Mais ce qui établit sa réputation, fut son *Essai sur la nature et l'immutabilité de la vérité.* Suivant M. Suard, à qui nous sommes redevables de ces détails, l'époque où cet ouvrage parut lui donna un grand intérêt en Angleterre, et surtout en Écosse, où les écrits de Locke, et plus récemment ceux de Hume, avaient tourné les esprits vers les discussions philosophiques. L'ouvrage de Beattie était principalement dirigé contre la doctrine de Locke, qui fait des sensations la source unique de nos idées, et contre le scepticisme de Hume. Il distingue dans ce traité deux sortes de vérités ; les unes, qu'il fait reposer sur le sens commun, et qui nous frappent d'une manière *intuitive,* c'est-à-dire, sans que nous ayons besoin d'aucune preuve ; les autres, qui sont du domaine de la raison, et qui n'entrent dans notre esprit qu'au moyen des preuves. Mais comme tout raisonnement aboutit finalement à un premier principe, nous sommes toujours ramenés à *l'intuition*, qui est, suivant Beattie, la source première de toutes nos connaissances, doctrine qui avait été déjà mise au jour par son ami le docteur Reid dans ses *Recherches sur l'esprit humain* (Inquiry into human mind). L'ouvrage de Beattie produisit un grand effet, d'abord en Écosse, et bientôt après en Angleterre, où son poëme du Minstrel (le Ménestrel ou les Progrès du génie), qu'il publia en 1771, obtint aussi un brillant succès, et fixa plus particulièrement sur l'auteur l'attention du public.

Ce fut en 1786 que Beattie fit paraître, pour la première fois, son *Traité sur les preuves de la vérité du christianisme*, dont nous publions la traduction. Nous nous abstiendrons de parler en détail de ce dernier ouvrage, dont nous avons suffisamment fait connaître le but. C'est au lecteur à juger si ce but est rempli. Sans doute, dans un sujet de ce genre, qui avait si souvent exercé la plume des écrivains les plus distingués de l'Angleterre, on ne devait s'attendre à rien de bien nouveau, ni pour le fond ni pour la forme. Toutefois, on n'en sut pas moins gré à l'auteur d'avoir exposé, dans un ordre logique, et sous le jour le plus favorable, des argumens disséminés dans une foule d'écrits ; et ce petit traité, digne de son génie, fut accueilli avec empressement par ses compatriotes, chez lesquels il a obtenu plusieurs éditions. C'est la sixième, publiée à Londres en 1814, qui a servi de base à notre travail.

Les mêmes motifs qui ont engagé Beattie à composer ce petit ouvrage, nous ont déterminé à en publier la traduction. Ce n'est pas qu'il n'y ait déjà dans notre langue d'excellens traités destinés à la défense du christianisme ; mais la plupart de ces traités, si l'on en excepte quelques-uns, tels que le *Tableau des preuves évidentes du christianisme* de William Paley, dont la réputation est faite depuis long-temps; celui du docteur Chalmers, qui a pour titre *des Preuves et de l'autorité de la révélation chrétienne*, qui est court et d'un mérite supérieur; le petit *Essai de David Bogue, sur la divine autorité du Nouveau Testament*, dont nous ne saurions trop recommander la lecture aux jeunes gens et aux personnes qui ne sont pas dans le cas de se livrer à des études suivies, sur les preuves de la divinité du christianisme; la plupart de ces traités, disons-nous, sont en général trop longs, et plus propres à dégoûter la masse des lecteurs qu'à servir à leur édification. Quelques-uns sont abstraits ou diffus. Chez d'autres, le langage a vieilli, et n'est plus approprié au goût actuel. Ceux que nous devons aux écrivains de la communion de Rome, tels que l'*Apologie de*

Bergier, sa *Certitude des preuves de la religion*, le *Génie du christianisme* de M. de Chateaubriand et autres ouvrages du même genre, quoiqu'infiniment recommandables à une foule d'égards, sont faibles sur plusieurs points, parce que leurs auteurs, confondant avec l'or pur du christianisme l'alliage grossier des préceptes et des traditions humaines, s'obstinent à défendre des dogmes aussi contraires à la raison que peu d'accord avec l'écriture sainte. Quelques auteurs enfin n'envisagent le sujet que sous un certain point de vue.

Nous manquions donc essentiellement d'un ouvrage qui fût resserré dans un petit espace, et dans lequel les principales preuves du christianisme, rapidement exposées, commandassent l'attention sans la fatiguer. En attendant que quelque plume exercée ait pris soin de combler chez nous cette lacune, on jugera si le livre dont nous offrons la traduction, circonscrit dans un cadre peu étendu, et rédigé dans un langage clair et facile, qui le met à la portée de tous les lecteurs, et que nous avons cherché à imiter autant qu'il nous a été possible, ne pourrait pas être avantageusement placé entre les mains des jeunes gens qui ont achevé le cours de leur instruction religieuse, et s'il ne serait pas également propre à suppléer au défaut d'instruction chez les personnes du monde, qui, par suite du malheur des temps, ou d'autres circonstances qui leur sont particulières, se seraient jusqu'ici peu occupées de cet objet, sans contredit, le plus important de tous.

Nous pensons qu'il est d'autant plus nécessaire de faire ainsi reposer la croyance religieuse sur une base solide, que l'incrédulité, comme l'a démontré l'expérience, est pour l'ordinaire fille de l'ignorance ou du manque de réflexion, ou qu'elle marche presque toujours à la suite d'une conviction d'autorité qui ne dure pas. « Nous » voyons tous les jours, dit M. Charles

» Pictet, dans la préface de sa traduction
» de la *Théologie naturelle de W. Paley*,
» que l'éducation la plus soignée, sous le
» rapport de l'instruction dogmatique, ne
» met point les hommes à l'abri du tour-
» ment de douter, et du malheur de ne
» rien croire, après avoir admis sans exa-
» men tout ce qu'on leur a enseigné. »

« Si, dans tous les temps, » poursuit ce
judicieux écrivain, « l'enseignement reli-
» gieux, sans l'appui d'une persuasion
» raisonnée, a fait beaucoup d'hypocrites
» et d'incrédules; s'il a multiplié le nom-
» bre des individus qui, affranchissant
» leur morale de leur foi, sont d'autant
» moins scrupuleux pour la conduite qu'ils
» sont plus sévère pour l'observance, n'est-
» ce pas surtout dans les temps où nous
» vivons, que ce danger doit être redouté ? »
Il est donc bien essentiel, tant pour être
solide que pour atteindre son véritable
objet, qui est d'exercer sur l'ensemble
de la vie une influence salutaire, que

l'instruction de la jeunesse soit éclairée; et qu'une conviction raisonnée, seule autorité qui ait une prise durable sur un être doué de raison, serve d'appui à la croyance. Il est essentiel encore, et aujourd'hui peut-être plus que jamais, de suivre dans l'enseignement religieux, dans l'exposition et la défense des vérités saintes, « une » marche logique et raisonnée, sans la- » quelle on parviendrait difficilement à » persuader, à l'heure qu'il est, ceux qui » savent penser. » Dans le siècle où nous vivons, la foi ne peut plus être imposée. On a trop appris à se défier, et à se défier avec raison de quiconque ordonne de croire et défend d'argumenter.

Et n'imaginons pas que la religion puisse rien perdre à cet examen! Non, « le chris- » tianisme n'a pas la moindre chose à re- » douter de cet esprit scrutateur qui con- » seille aux hommes de rentrer en eux- » mêmes et de réfléchir » (1), de cet es-

---

(1) Thomas Rennel, *Remarks on scepticism.*

prit que les Locke, les Leibnitz, les Newton, les Montesquieu, les Pascal et tout ce qu'il y a eu de penseurs profonds et impartiaux, ont jugé devoir lui être plus favorable que nuisible. Gardons-nous de croire, d'un autre côté, qu'en adoptant de tels principes, nous nous mettions le moins du monde en opposition avec l'Évangile! Les écrivains sacrés sont trop formels à ce sujet pour qu'il soit possible de s'y méprendre. « Je vous parle comme
» à des personnes intelligentes, écrivait le
» grand apôtre des Gentils aux habitans
» de Corinthe, jugez vous-même de ce
» que je dis. » (1 Corinth. X. 15.) Exa-
» minez avec soin les écritures, » avait déjà dit le maître lui-même. (Jean V. 39.) L'exercice raisonnable de l'intelligence, un examen sérieux et réfléchi, telle est la marche, l'unique marche que nous ait tracée le divin auteur du christianisme, et dont les apologistes et les propagateurs

de sa religion, à moins de dénaturer les faits ou de méconnaître ses intentions, ne doivent jamais s'écarter.

Ce n'est donc pas, pour ne point parler ici de mesures violentes qui ne sont plus de notre siècle; ce n'est pas avec le secours de faux miracles, de terreurs superstitieuses, jetées dans l'âme de jeunes gens sans expérience ou de personnes ignorantes et crédules; ce n'est pas au moyen de fraudes pieuses, d'histoires inventées à plaisir, du récit merveilleux de certaines conversions subites et extraordinaires; ce n'est pas, en un mot, à l'aide de sophismes grossiers, qui ne sauraient, au reste, produire d'impression que sur des esprits affaiblis par la maladie et par les années, ou par des abus notoires, de confiance, et autres moyens analogues de séduction, qu'un zèle aveugle et insensé tentera de mettre en usage et de justifier, mais que réprouvera constamment la conscience de l'homme de bien, qu'il s'agit *d'amener* aujourd'hui *les âmes captives à l'obéissance de Jésus.* Pour ce qui nous concerne en particulier, nous le déclarons hautement, sans craindre qu'on ait jamais à nous reprocher de nous être départis de ce principe, c'est uniquement en en appelant au jugement et à la raison des hommes pensans, que nous ambitionnerons de les convertir. C'est en leur présentant la doctrine chrétienne dans toute sa simplicité, dans toute sa pureté, dans toute sa beauté, que nous nous efforcerons de la leur faire goûter, de la leur faire aimer. Sans doute nous croirions manquer également à notre conscience, aux saints devoirs de notre vocation et à l'ordre exprès de notre maître, si nous repoussions obstinément ceux qui, dégagés de tout motif d'intérêt, étrangers à toute considération mondaine, viennent à nous avec sincérité de cœur, à la suite d'une instruction solide et approfondie qui les met en état de « rendre raison de leur

» foi et de l'espérance qui est en eux;»
mais jamais, non, jamais nous ne nous
permettrons, jamais nous n'avouerons,
au milieu de nous, d'autre *prosélytisme*
que celui qui naîtra d'une intime conviction, et qui reposera ainsi sur la force de
la vérité.

Cet ouvrage, comme nous l'avons dit,
étant destiné principalement aux jeunes
gens et aux personnes qui auraient négligé
de tourner sérieusement leurs pensées du
côté de la religion, qui n'auraient jamais
entrepris de soumettre à l'examen les
preuves du christianisme; nous avons jugé
à propos d'accompagner le texte de quelques notes explicatives ou de rapprochemens intéressans, tirés en partie d'écrivains laïques qui, de même que Beattie,
ont donné des preuves non équivoques
d'attachement à la cause de l'Évangile.
Nous avons indiqué aussi, à mesure que
l'occasion s'en est présentée, les auteurs
dont les ouvrages présentent des dévelop-

pemens utiles sur plusieurs points de ce traité, et auxquels pourront recourir avec succès les personnes qui voudraient étendre leurs recherches sur le sujet. Enfin, nous n'avons pas dédaigné de citer même quelquefois à l'appui des raisonnemens de l'auteur, les aveux de quelques hommes célèbres qu'on a vu combattre dans les rangs opposés.

Puisse notre travail, entrepris d'abord en vue de quelques jeunes gens dont l'instruction religieuse nous était confiée, remplir avec l'aide de Dieu le but plus général d'utilité qui nous a déterminé à le poursuivre et à le publier! C'est nous imposer une bien douce obligation que d'en offrir l'hommage, avec prières de l'agréer, aux membres vertueux et éclairés de ces sociétés respectables, qui, nées avec notre siècle, forment un caractère distinctif de l'époque actuelle, de ces sociétés dont nous avons la satisfaction de voir le nombre s'accroître chaque jour, au sein du monde civilisé, ou se multiplier au loin, chez les peuples idolâtres, et qui, sous des dénominations diverses, travaillent de concert à la propagation des lumières, au triomphe du pur Évangile, à la régénération et au bonheur du genre humain.

AVERTISSEMENT

DE

L'AUTEUR.

Ce petit ouvrage fut destiné, dans l'origine, à l'usage de quelques jeunes gens de ma connaissance. Dans une visite que je fis, l'an dernier, au docteur Porteus, évêque de Chester (1), *à son agréable presbytère d'Huton, au comté de Kent, je présentai à sa seigneurie une esquisse du premier et du second chapitre, et je lui donnai une idée générale du reste de mon plan. Il me fit observer que nous manquions absolument d'un ouvrage de ce genre, et qu'un exposé rapide des principales preuves du christianisme, présentées de manière à fixer*

---

(1) Mort depuis évêque de Londres.

l'attention, sans la fatiguer, serait infiniment propre à affermir les principes religieux de nos jeunes gens à leur entrée dans le monde. Il eut la bonté de me témoigner, dans les termes les plus pressans, qu'il approuvait le plan de ce petit traité, et son exécution, autant qu'il avait pu en juger. Il m'aida dès-lors, et par la suite, dans le cours de notre correspondance, de ses utiles avis, pour le développement de quelques parties du sujet, et il m'exprima le désir de voir l'ouvrage terminé au plutôt et livré à l'impression.

C'est ce puissant encouragement qui m'a surtout déterminé à en hasarder la publication, et je sollicite de sa seigneurie, la permission de lui dédier cet écrit, comme un léger, mais sensible souvenir de l'amitié dont elle m'a long-temps honoré, et à laquelle je suis redevable de quelques-uns des plus heureux jours de ma vie.

1786.   J. BEATTIE.

INTRODUCTION.

Qu'il existe dans le monde, depuis dix-huit siècles, une religion connue sous le nom de *Christianisme*, c'est là une vérité qu'aucun homme raisonnable n'imaginera de révoquer en doute. Il paraîtra également certain que cette religion tire son origine d'une ou de plusieurs personnes qui l'ont introduite et enseignée; c'est là du moins ce que ne sauraient nier ceux qui admettent qu'une cause est nécessaire à la production d'un effet.

Cette religion, disent les Chrétiens, tire son origine de Jésus-Christ, personnage doué d'une sagesse sans égale, d'une bonté sans exemple, et revêtu d'un pouvoir surnaturel; de Jésus qui l'enseigna à ses disciples, leur ordonnant de la prêcher à toutes les nations. Cette religion, dit l'incrédule, supposé que Jésus l'ait introduite, tire son origine de l'imposture et du mensonge; elle est redevable de ses succès à l'enthousiasme, à la fourberie et à la folie du genre humain.

La tendance de cette religion, prétendent ses adversaires, est d'obscurcir et de troubler l'entendement, d'entraver les plaisirs de la vie, de jeter du désordre dans les affaires humaines; d'abrutir les hommes par la superstition, et de les rendre craintifs et cruels; ceux qui connaissent mieux le christianisme, affirment, au contraire, que son but principal est d'éclairer l'esprit par la vraie sagesse, de bannir la superstition, d'étendre universellement le règne de la justice, de la charité et de la paix; de nous soutenir dans l'adversité et de nous faire mieux savourer les délices de la prospérité. Cette doctrine soutient ses défenseurs, nourrit en nous les plus ravissantes espérances, avec la pleine certitude qu'elles ne seront point trompées; elle réprime toute passion haineuse ou criminelle; et quelle que soit leur situation apparente, elle remplit les hommes de reconnaissance envers Dieu, de résignation à sa volonté suprême; en un mot, elle assure leur bonheur, et dans le temps et dans l'éternité.

Des opinions si contradictoires ne peuvent subsister en même temps; et il est du devoir de quiconque en a les moyens, de se décider avec connaissance de cause, pour le parti de la vérité. Si la religion chrétienne vient du ciel, l'indifférence qu'on a pour elle est inexcusable, et peut devenir funeste. Or, nul homme n'est fondé à soutenir qu'elle ne vient pas du ciel, s'il n'a fait auparavant une étude approfondie de ses preuves et de sa doctrine, et s'il n'a reconnu les premières insuffisantes pour satisfaire un esprit juste, et la dernière peu digne d'une origine divine. Celui qui rejetterait cette religion, ou qui refuserait de l'examiner, en raison des sophismes que lui auraient offerts certaines lectures, ou à cause des sarcasmes qu'on aurait lancés contre elle dans la conversation, se montrerait aussi peu ami de la vérité que si, désirant connaître mon caractère, par exemple, il s'obstinait néanmoins à n'écouter que les renseignemens qu'il saurait venir de mon plus mortel ennemi. Il y a toutefois entre les deux cas une différence essentielle. Peu importe à la masse du genre humain de savoir si je suis honnête homme ou méchant, raisonnable ou insensé; mais si la religion chrétienne est véritable, s'il n'a pas encore été démontré qu'elle soit fausse, il est pour chacun de nous d'un intérêt infini de l'étudier soigneusement et de la bien connaître.

Grotius, Clarke, Locke, Lardner, Butler, West, Lyttelton, Sherlock et bien d'autres écrivains dont on ne peut contester la probité ni le savoir, ont publié, pour la défense du christianisme, plusieurs livres excellens. Le but de ce petit ouvrage n'est point de faire négliger comme inutile, mais, au contraire, de recommander la lecture de ces écrivains distingués, et de servir comme d'introduction à leurs savans traités. J'ai dessein de démontrer, aussi évidemment et aussi succinctement qu'il me sera possible, à tout lecteur non prévenu, et particulièrement aux jeunes gens, que les preuves qui établissent la vérité de la religion chrétienne, sont au moins assez fortes pour fixer l'attention et mériter un examen réfléchi. Si je peux atteindre ce but, j'aurai servi une cause, qu'en ma qualité d'ami du genre humain, j'ai toujours eue infiniment à cœur. D'après divers entretiens que j'ai eu occasion d'avoir avec des incrédules, je me suis en effet convaincu que l'ignorance de la nature de notre religion, et une sorte de répugnance à en approfondir l'esprit et les preuves, doivent être ran gées parmi les causes principales de l'incrédulité.

Il m'est quelquefois tombé sous la main, de petits traités pratiques, intitulés *Avis de dix minutes*, à l'usage de ceux qui sont sur le point de s'engager dans telle ou telle entreprise. De tels ouvrages ne sont pas sans utilité, bien qu'ils ne puissent contenir un détail complet de l'objet auquel ils sont destinés. Je me propose de donner un *Avis de deux heures* à cet homme qui court le danger de se laisser surprendre par la société des incrédules, ou par la lecture de leurs livres, et qui conserve néanmoins un désir sincère de s'assurer en peu de mots si les preuves du christianisme sont suffisantes pour fixer l'attention d'un esprit raisonnable. Si je puis le convaincre qu'il en est ainsi, tout naturellement il me quittera pour puiser de plus amples informations chez ces auteurs qui ont examiné à fond le sujet tout entier, qui ont éclairci et prouvé plusieurs points que le peu d'étendue de mon plan ne me permet que d'effleurer ou même d'indiquer (1). Et le résultat, sans doute le plus important de cet examen, c'est qu'il lui inspirera le désir de consulter avec respect ces oracles sacrés qui contiennent l'histoire de la divine révélation ; ce qui l'amènera peut-être

---

(1) Nous avons indiqué dans de courtes notes placées au bas des pages, quelques-uns des ouvrages qui fournissent des détails ou des développemens intéressans sur plusieurs parties de ce traité ; d'autres notes, plus longues, ont été renvoyées à la fin de chaque chapitre ; elles sont indiquées par des lettres majuscules.

plus promptement et plus pleinement qu'il ne l'aurait imaginé, à conclure que nos saints livres portent en eux-mêmes la preuve de leur origine. J'ose assurer à quiconque aura accompli cette tâche avec un esprit de candeur, avec une âme humble et docile, avec un désir sincère de connaître la vérité et son devoir, que non-seulement il ne regrettera point le temps qu'il aura consacré à cette étude, mais que sa croyance, désormais inébranlable, n'aura plus rien à redouter des discours ou des écrits des incrédules.

Le lecteur connaît maintenant le but de ce petit ouvrage. S'il juge que j'ai poussé trop loin mes prétentions, ou que j'ai conçu des espérances trop relevées, il conviendra du moins que, comme sujet d'un gouvernement libre, j'ai (quoique laïque) un droit incontestable de publier, qu'on les approuve ou non, les raisons qui m'ont déterminé à m'attacher à cette religion dans laquelle j'ai eu le bonheur d'être élevé.

PREUVES DE LA VÉRITÉ

DE LA

RELIGION CHRÉTIENNE.

CHAPITRE PREMIER.

La révélation est utile et nécessaire.

Les preuves de la religion chrétienne forment un sujet d'une grande étendue : tout ce que je me propose c'est d'en donner une idée succincte. Je n'ai pas dessein de fournir ici la preuve de chacune des assertions que j'avancerai, touchant ces matières de fait : ce travail exigerait trop de temps. Mais, bien convaincu que toute espèce de déguisement nuit à la meilleure cause, j'aurai soin de ne rien avancer comme certain, qui ne soit susceptible d'être prouvé, et qui ne l'ait été en effet, par les savans auteurs qui, dans le sujet qui nous occupe, se sont prononcés avec distinction pour le parti de la vérité.

Ces preuves se divisent en *externes* et en *internes*. Les premières se fondent sur les prophéties, sur les miracles et sur le témoignage historique. Les secondes s'appuient sur le caractère particulier, et sur l'excellence intrinsèque de la religion chrétienne. Certains auteurs se sont principalement attachés à développer la première sorte de preuves ; et d'autres la seconde : quelques-uns ont donné à toutes deux une égale attention. Je parlerai d'abord des *preuves externes*, et ensuite des *preuves internes :* il pourra cependant m'arriver quelquefois de les confondre, pour éviter des longueurs et des répétitions inutiles.

Le premier point qui fera l'objet de mes recherches, est l'importance et l'utilité de la révélation divine. Car si une telle révélation est utile et importante ; si elle est même nécessaire au genre humain, la divinité, en l'accordant, ne fera rien qui ne soit conforme à sa sagesse et à sa bonté.

1. Si l'homme avait persévéré dans son innocence primitive ; si la croyance et la conduite n'exerçaient pas l'une sur l'autre une influence réciproque, ou si elles ne contribuaient en rien au bonheur de l'espèce humaine ; si l'ignorance, l'indifférence et les préjugés ; si la superstition et l'attachement aux plaisirs des sens ; si une humeur féroce et des passions cruelles ne tendaient pas directement à corrompre le jugement, à pervertir la raison, et à plonger l'homme dans le crime et dans l'infortune, alors j'admettrais sans hésiter qu'une révélation n'était nullement nécessaire. Mais, d'après l'expérience journalière, d'après l'histoire du genre humain dans tous les siècles, rien n'est, ce me semble, moins conforme à la réalité, qu'une semblable supposition.

Il serait superflu de prouver que l'homme n'est pas demeuré dans l'innocence. Il est aussi évident, que des principes dépravés et une conduite criminelle mènent à l'infortune, et que la vérité et la vertu conduisent au bonheur, qu'il est évident que l'ordre est préférable à la confusion, la sûreté au péril, un homme sage et bon à un barbare ou à une bête féroce. Ceux qui ont observé que nous avons besoin d'être bien convaincus que tel homme est notre bienfaiteur ou notre parent, avant de nous croire liés envers lui par le sentiment de la reconnaissance ou de la piété filiale, ne nieront point que, même avec les meilleures intentions, nous ne puissions aisément nous méprendre sur notre devoir, si nous ignorons la nature de l'être qui en est l'objet. Or, que les idées des hommes, concernant les diverses classes des devoirs qu'ils ont à remplir, ou envers leur Créateur, ou envers eux-mêmes, soient susceptibles d'être altérées ; que, dans tous les pays qui ne furent pas éclairés des lumières de la révélation, ces idées aient été altérées en effet, par la faiblesse de l'intelligence humaine, par la force du préjugé ou de la passion, par le vice, par l'indifférence, par la superstition et par l'ignorance : c'est là une vérité affligeante, mais sur laquelle l'histoire du genre humain ne laisse pas le moindre doute.

Ce point accordé, il s'ensuit qu'une révélation, qui rectifie et qui fixe les idées des hommes sur chaque classe de leurs devoirs, en leur faisant connaître la nature de Dieu et de l'homme, et en éclairant leur conscience touchant leurs obligations particulières, est pour eux extrêmement importante et avantageuse. Cette révélation devient même nécessaire, pour leur faire atteindre ce degré de bonheur et de vertu, dont la nature humaine paraît être susceptible, et pour lequel nous pouvons présumer, en conséquence, que l'homme a été créé.

2. Ceux qui n'ont pas reçu, touchant

la réalité d'un état à venir, et ses rapports avec l'état actuel, une instruction positive, ne peuvent se former que des idées très-imparfaites des attributs d'un Être Suprême, ainsi que de la nature et de la destination de l'homme. Or, c'est ici un article sur lequel toutes les preuves que la raison humaine peut nous fournir, quand elles ne sont pas confirmées par une lumière divine, ne vont pas au delà d'une simple conjecture. Et tous les hommes sans doute reconnaîtront, que, sur un sujet aussi intéressant, une évidence supérieure est une chose désirable ; à moins que dans le nombre, il ne s'en trouve qui pensent qu'un état à venir est d'une impossibilité absolue. La révélation semble donc nécessaire, pour donner de l'autre vie une certitude et une connaissance telles, que la sagesse et la bonté divine soient justifiées par rapport à l'état présent des choses. Il faut en outre que cette révélation devienne une consolation pour les gens de bien, un frein pour les passions des méchans; et pour tous les hommes, une déclaration solennelle que leur conduite, durant le cours de leur état d'épreuve ici bas, est pour eux d'une importance infinie. Que cette dernière considération serve d'appui à la morale; que du moins elle contribue à avancer la paix de la société, et par conséquent le bonheur du genre humain; c'est ce que semblent également reconnaître les adversaires et les amis de la religion. Autrement, comment expliquer cette opinion, soutenue par l'incrédule, que la religion a été inventée et protégée par la politique, dans la vue de régir le monde par la crainte, et de maîtriser plus aisément les passions des hommes?

3. La révélation est encore nécessaire, pour nous faire connaître, sous quelles conditions nous pouvons espérer de rentrer en grâce avec le Dieu des miséricordes, sans blesser sa justice. L'usage universel des sacrifices semble attester, que tous les hommes ont conçu quelque idée

de la nécessité de racheter leurs fautes par quelque expiation. Mais si nous réfléchissons à la multitude des cérémonies expiatoires des païens, à l'impiété de plusieurs d'entre elles, à l'absurdité de toutes; si nous nous arrêtons principalement à cette circonstance remarquable, qu'eux-mêmes consultaient leurs oracles au sujet de ces expiations, nous en conclurons avec raison, non-seulement qu'ils ignoraient ce qu'ils avaient à faire à cet égard; mais encore, qu'ils étaient intimement convaincus de cette ignorance. Telle paraît même avoir été l'opinion de quelques-uns de leurs meilleurs philosophes de l'école socratique, que, jusqu'à ce qu'il plût à la Divinité de manifester sa volonté d'une manière extraordinaire, les mortels tenteraient vainement de découvrir, quels hommages religieux lui seraient les plus agréables [A]. N'avons-nous pas lieu de présumer, que des hommes qui avaient assez de sagesse et de bonne foi pour penser et parler ainsi, s'ils avaient étudié et approfondi les preuves du christianisme, s'ils avaient bien compris cette doctrine de foi et de repentance, se seraient empressés de l'accueillir comme la plus heureuse découverte ?

Quant à nos incrédules modernes, ils paraissent peu disposés assurément à faire à la révélation chrétienne un accueil aussi favorable ; car ils assurent qu'elle n'est d'aucun avantage pour eux ; étant, ce semble, pleinement convaincus, quelqu'aveu qu'ait pu faire Socrate de son ignorance, qu'ils possèdent toutes les connaissances qui sont pour l'homme de quelque utilité. Et cependant, sans cette manifestation de la vérité et de la grâce divine, aujourd'hui encore, selon toute apparence, ils consulteraient les oracles, ils offriraient de l'encens aux idoles; ou peut-être, comme le faisaient, dans une haute antiquité, plusieurs des peuples dont nous sommes descendus, ils souilleraient la terre par des sacrifices humains. Ce qui est sûr, c'est qu'aucune réforme essentielle, touchant ces objets, ne fut jamais opérée ni tentée par les philosophes de l'antiquité. Non-seulement Pythagore, Épictète, mais Cicéron, plus sage ou du moins plus éclairé que ces deux philosophes, et Socrate lui-même, le plus sage de tous, imposaient aux hommes l'obligation d'adorer les dieux, de faire des sacrifices et d'observer les autres cérémonies du polythéisme, comme des coutumes établies et sanctionnées par la loi. De telle sorte, que si le genre humain n'avait jamais eu d'autre guide que la philosophie, il est probable, même il est plus que probable, que l'idolâtrie serait encore aujourd'hui sa seule religion [B].

4. La révélation si nécessaire, pour faire connaître à l'homme l'ensemble de ses devoirs, l'était bien d'avantage encore pour mettre ces mêmes devoirs à la portée de tous les esprits. Les plus profonds moralistes, parmi les païens, confessent leur ignorance sur quelques-unes de nos obligations. Leur science, d'ailleurs, ne les

mettait guère en état d'entraîner la masse du peuple, qui, vu le petit nombre de livres répandus autrefois dans le monde, et l'extrême difficulté de les avoir à sa disposition, croupissait dans la plus grossière ignorance. Et quand bien même ces philosophes auraient acquis un tel ascendant; quand ils n'auraient eu tous ensemble qu'une seule manière de voir, ce qui n'était nullement le cas; enfin, quand ils n'auraient pas été poussés, comme le furent la plupart d'entre eux, par l'orgueil, par la vanité ou par l'esprit de contradiction, à introduire constamment de nouveaux systèmes, leurs travaux toutefois n'auraient produit que peu d'effet. Les raisons, à l'appui de ces systèmes, dépassaient la portée de la masse du genre humain; car le vulgaire en général est réellement incapable de saisir la force des argumens qu'on lui présente, surtout si le raisonnement est complexe, et s'il roule sur des sujets aussi étrangers aux sens, que les vérités de la morale et de la religion. La chose parut si palpable à quelques anciens législateurs, tels que Minos en Crète, et Numa à Rome, que, jugeant convenable d'assigner à leurs institutions une origine divine, ils prétendirent les avoir reçues des dieux [C].

Je suis loin de prétendre qu'il n'y ait rien de bon dans la doctrine des philosophes, principalement dans celle de Socrate et des plus respectables stoïciens. Ce qu'enseigne le sage d'Athènes, ou plutôt ce qu'il conjecture concernant l'immortalité de l'âme; les opinions qu'il émet sur l'existence de Dieu, sur sa Providence, sur sa toute présence et sa toute puissance, opinions qui lui étaient communes avec les stoïciens, servirent sans doute, bien que son langage ne fût pas toujours clair et solide, à dissiper quelques-uns de ces nuages de superstition et d'erreur qui obscurcissaient alors l'esprit des peuples. Mais, en tant que système de religion naturelle ou de morale, toute l'ancienne philosophie, comme Socrate le reconnaît fort bien, laissait beaucoup à désirer. Elle n'était accompagnée ni d'une évidence ni d'une autorité suffisantes, pour fixer l'attention ou pour convaincre la raison de qui que ce fût, à l'exception peut-être d'un petit nombre d'hommes naturellement portés à la méditation; encore ceux-là même, au témoignage de Lactance, de Cicéron et d'Aristote (1), étaient-ils disposés à faire de la philosophie un sujet de déclamation et de dispute, et un pur exercice de langage, plutôt qu'une règle de conduite. Certainement, si nous en croyons Diogène Laërce, qui, sans être ni élégant ni judicieux écrivain, mérite toutefois quelqu'éloge comme compilateur d'anecdotes; si nous nous en rapportons au jugement de Cicéron lui-même, plus digne de notre confiance, nous reconnaîtrons que la plupart des hommes que l'antiquité a honorés

---

(1) *Lactantius*, iii. 15, 16. *Cicero*, Tusc. Quest. ii. 4. *Arist.* Ethic. ii. 3.

du titre de philosophes, ont professé, affiché des principes relâchés et se sont abandonnés à des mœurs dépravées. Plusieurs dégradèrent la raison par des doctrines corrompues et par de misérables querelles; et quelques-uns, par leur effronterie, leur cynisme et leur brutalité, furent la honte de l'espèce humaine.

Mais quel avantage le commun peuple, c'est-à-dire, le genre humain, pouvait-il retirer des leçons du plus sage même de ces philosophes? Socrate fut sans contredit le plus populaire, et à tous égards, le plus irréprochable de tous les moralistes païens. Il enseignait, c'est-à-dire, il conversait en public aussi bien que dans le particulier; et tous ceux qui le désiraient, avaient la liberté de l'entendre. Mais jamais il ne s'érigea lui-même en chef de réforme, jamais il ne se piqua d'une sagesse supérieure à celle des autres hommes. Et comme le charme de sa conversation attirait autour de lui les premiers citoyens d'Athènes, nous devons présumer que le vulgaire, selon toute apparence, peu curieux de s'instruire de ce qu'il disait, se tenait à l'écart. D'ailleurs sa méthode particulière d'enseignement par demandes et par réponses, quelque bonne, quelque satisfaisante qu'elle fût, était bien plus propre à instruire un petit cercle d'amis en conversant familièrement et à loisir, qu'à répandre la science chez la masse du peuple.

Les stoïciens, qui semblent n'avoir élevé le vulgaire que de quelques degrés au-dessus de la brute, s'occupèrent peu de l'instruire. A voir l'absurdité révoltante de quelques-uns de leurs paradoxes, on croirait qu'ils les inventèrent uniquement dans le but d'exclure la masse du genre humain des sublimes mystères de leur philosophie. Comme ils usaient de la plus grande liberté dans le choix de leurs expressions, plusieurs de leurs dogmes se trouvent entortillés dans un langage bizarre : et leurs frivoles disputes avait tellement obscurci l'intelligence humaine, que leurs instructions ne pouvaient être d'une utilité générale, et que ceux-là même qui avaient fait de leur doctrine une étude sérieuse, ne pouvaient la comprendre entièrement. Cicéron, dans son livre des offices, a certainement développé la partie pratique de leur philosophie morale dans un style clair et élégant. Il a, par ce travail, enrichi sa langue maternelle, du meilleur système qui nous reste de la morale des païens. Cependant ce traité, dont Cicéron fut en grande partie redevable, non pas seulement aux stoïciens, qu'il avait suivis sans les copier, mais aussi à Platon, à Aristote et à son propre génie, n'offre encore qu'un système imparfait.

Mais, quand les stoïciens auraient été plus propres qu'ils ne le furent dans la réalité, à remplir les fonctions de docteurs publics, le peuple toutefois n'aurait pas tiré grand profit de leurs enseignemens. Croire que « les choses extérieures ne sont » ni bonnes ni mauvaises; qu'il est absolu» ment indifférent à un homme sage,

» d'être déchiré par la torture ou de re-
» poser sur un lit de roses, » est un dogme
que la plupart des hommes admettront
bien difficilement, et qui, s'ils l'admet-
taient, leur serait vraisemblablement plus
nuisible qu'utile. Il ne faudrait pas en effet
une grande capacité de raisonnement (et
l'on sait que les stoïciens maniaient cette
arme avec habileté), pour déduire d'un
tel principe, que dérober l'argent d'un
homme sage, lui fracasser un bras ou une
jambe, lui enlever son enfant ou égorger
son ami, ce n'est que le priver d'un bien
dont il ne fait pas le moindre cas. — Il
n'est pas douteux que les hommes doivent
se résigner à la volonté divine; mais que
lorsqu'ils sont dévorés de quelque chagrin,
ils aient un droit incontestable de se dé-
faire d'eux-mêmes, à l'imitation de Zénon,
qui, ne pouvant supporter la douleur d'une
blessure qu'il s'était faite au doigt (1), s'ar-

---

(1) Diog. Laertius. Il paraît que ce mal était du
genre de ce que nous appelons *panaris*.

racha la vie dans un moment de violence; c'est là encore une doctrine qu'un homme de bon sens ne jugera ni bien convenable ni bien utile. — Il ne lui paraîtra pas mieux prouvé que « la Divinité est supérieure au » destin, et que le destin est supérieur à la » Divinité;» et cet aphorisme que « le monde » est Dieu, ou tout au moins son corps ou sa » substance, » ne jettera pas un grand jour sur les premiers principes de la théologie. — Sénèque affirme que « l'âme est immor- » telle; » mais il affirme aussi que « la » mort n'est rien, qu'elle réduit toutes » choses à néant, et que les morts jouis- » sent de la même tranquillité que ceux » qui ne sont point nés (1). » — Les maximes suivantes, professées par la même école, ne paraissent pas moins défavora- bles à la cause du bonheur et de la vertu. « A la mort, nous sommes rendus aux » élémens qui nous ont formés, et nous » perdons toute existence personnelle. »

---

(1) De Consolat. ad Marc. cap. 19.

« Il n'y a point de peines ni de récom-
» penses futures ; et il n'importe nulle-
» ment qu'il y en ait ou qu'il n'y en ait
» pas. » — Une leçon non moins étrange
que les sectateurs de Zénon s'étaient toutefois réservé de donner au genre humain,
c'est de vouloir inculquer à des êtres aussi
fragiles que nous le sommes, à des êtres
qui ont un si grand besoin de la compassion et de la bienveillance de leurs semblables, que « la pitié est indigne du sage. »
Enfin cette doctrine audacieuse et impie
qui enseignait, que « les âmes humaines
» sont une portion de l'essence divine;
» qu'un simple mortel peut devenir égal, et
» à quelques égards, supérieur à la Divi-
» nité, » pouvait-elle produire d'autre effet
que de nourrir un orgueil et une présomption si extravagante, que le cœur se fermait
à toute affection douce ; et que l'esprit devenait également avide de connaître, et
incapable de se laisser guider par les préceptes de la vraie sagesse?

En effet, malgré les principes de quel-

ques-uns de ces sages, que je ne cherche point à déprécier, et la beauté de plusieurs de leurs sentimens, auxquels je m'empresse de rendre hommage, je ne sais si, comme instituteurs des peuples, les stoïciens n'auraient pas été des guides aussi aveugles que les Épicuriens eux-mêmes. Ces derniers, professaient un athéisme non déguisé; les premiers y conduisaient presque aussi directement; et tel est à coup sûr l'effet que ne manquera jamais de produire tout faux système de philosophie, qui enseignera aux hommes à penser et à parler avec irrévérence de l'Être Suprême, et à rejeter un état de rétribution future. Milton, à qui la doctrine des stoïciens était parfaitement connue, n'en parle donc ni témérairement ni avec trop de sévérité, quand il dit : « Hélas! ayant d'eux-mêmes
» des idées si imparfaites, et connaissant
» plus imparfaitement encore la Divinité,
» que peuvent-ils enseigner aux hommes
» sans les jeter dans l'erreur? Ils dissertent
» beaucoup sur l'âme, mais ne s'ar-

» rêtent à rien de solide. Ils placent la
» vertu au dedans d'eux-mêmes, et s'en
» attribuent toute la gloire sans en rien
» rapporter à Dieu [D]. »

Cependant lorsque le temps où il devait venir fut arrivé, l'instituteur du pauvre parut enfin, non en stoïcien orgueilleux, dur et querelleur, mais comme le fils de Dieu, doux et sans affectation, rempli de compassion et d'humilité, doué d'une bienveillance et d'une sagesse divines. « Allez, dit-il aux deux disciples de
» Jean qui étaient venus s'informer s'il était
» le messie, allez et rapportez à Jean ce
» que vous avez vu et entendu. Les aveu-
» gles voient, les boiteux marchent, les lé-
» preux sont guéris, les sourds entendent,
» les morts ressuscitent, l'Évangile est an-
» noncé aux pauvres. » Toutes ces choses avaient été prédites par le prophète Isaïe : et la prophétie s'accomplit en Jésus. La doctrine qu'il prêcha se distinguait de celle de tous les autres docteurs, non-seulement par l'excellence de sa nature, et

par ces œuvres puissantes qui en démontraient la vérité, mais parce qu'elle s'adressait tout particulièrement au pauvre, qu'elle était mise à sa portée, et par conséquent à celle de tout le genre humain. La naissance de l'envoyé céleste fut annoncée, non à quelques grands de la terre, mais à des bergers. Il prononce une bénédiction particulière en faveur de ceux qui sont pauvres d'esprit et humbles de cœur; ce qui sans contredit constitue la base du caractère du chrétien. Il choisit ses serviteurs parmi les pauvres; et en fondant une Église, il établit une succession perpétuelle de ministres, qui doivent prêcher l'Évangile aux pauvres et à toutes les autres classes d'hommes, jusqu'à la fin du monde. En vertu de cette merveilleuse dispensation, les plus petits d'entre les chrétiens, à moins qu'il n'y ait de leur part mauvaise volonté, peuvent, dans tous les cas ordinaires, acquérir de la vertu et du vice, de Dieu et de l'homme, de la Providence et d'un état à venir, des idées plus justes et plus distinctes que celles auxquelles purent jamais atteindre, dans les jours du paganisme, les philosophes les plus éclairés. Ce sont là des faits qu'il est de toute impossibilité de rejeter. Et celui qui les admet, conservera-t-il le moindre doute sur l'utilité d'une révélation divine, ou sur les conséquences nombreuses et importantes qui découlent des vérités manifestées par l'Évangile?

Que l'incrédule cesse donc de prétendre que la seule raison suffit à l'homme pour lui faire connaître l'ensemble de ses devoirs, et pour établir dans le monde un système complet et satisfaisant de religion naturelle! Il est certain que, même chez les nations les plus policées, la raison abandonnée à elle-même ne l'a jamais fait, et au jugement de Socrate ne l'a jamais pu [E]. Pour ce qui est des nations barbares, personne ne soutiendra que leur raison ait jamais fait des découvertes importantes dans aucun genre. Et ce qui mérite une attention toute particulière, c'est que nos incrédules, de l'aveu même de Rousseau, qualifient de religion naturelle, des principes tirés en grande partie de nos saints livres, qu'ils sont toutefois assez déraisonnables ou assez injustes pour rejeter. Je ne veux point dire que les idées qu'ils ont acquises sur ce sujet, soient le fruit d'une lecture assidue de l'Écriture. Je doute que dans le nombre il s'en trouve beaucoup, si même il s'en trouve quelqu'un, qui aient jamais fait de grands progrès dans cette étude. Ces idées proviennent des impressions faites sur leur esprit dans l'enfance ou dans la première jeunesse, à cette époque probablement où ils possédaient encore les qualités qui devraient constamment distinguer chaque chrétien, savoir l'humilité, la candeur et la docilité des petits enfans. Il peut arriver aussi que les écrits et la conversation des chrétiens, qui doivent nécessairement s'offrir à eux quelquefois, leur présentent certains principes qu'ils admettent comme raisonnables, bien que peut-être ils fussent disposés à les rejeter dédaigneusement, s'ils venaient à reconnaître que ces principes sont tirés de nos saints livres.

Si la révélation est pour l'homme d'une importance si grande, il est on ne peut plus conforme à la sagesse et à la miséricorde divine de la lui accorder : et quelques personnages, même chez les païens, principalement Socrate, n'étaient point sans espoir que, tôt ou tard, cette révélation serait en effet accordée. Ce grand homme était si loin de prétendre que ses connaissances fussent suffisantes dans ce qui concerne les choses divines ou humaines, que, sans qu'on puisse en aucune façon l'accuser de scepticisme, un excès de modestie le portait à répéter souvent « Qu'il ne savait qu'une chose, c'est qu'il » ne savait rien. » Il enseigne que les dieux accordent des communications extraordinaires de sagesse aux mortels qu'ils veulent favoriser ; et il recommande particulièrement à ses amis de recourir aux oracles et aux autres cérémonies religieuses, dans le but de recevoir du Ciel quelque connaissance utile et nécessaire, que la raison par elle-même était incapable de donner (1). Les oracles en effet, les présages et les augures auxquels les païens, comme nous l'avons déjà insinué, attachaient tant d'importance, prouvent qu'ils étaient pleinement convaincus de leur propre ignorance, et du besoin qu'avaient les hommes d'être éclairés d'une lumière surnaturelle.

Nous savons peu de chose de leurs oracles; nous pouvons affirmer seulement qu'ils se fondaient plus ou moins sur des conjectures. On a dit qu'ils étaient une invention de la fourberie des prêtres, et cela peut être vrai en partie. On a dit aussi que les démons y avaient quelque part; et quel homme, après y avoir mûrement réfléchi, oserait affirmer que la chose soit impossible? Peut-être ces ora-

---

(1) *Xenoph.* Memorab. lib. 1.

cles entraient-ils dans le plan de la Providence, pour entretenir dans l'esprit des hommes un sentiment de l'insuffisance de leur raison, et pour leur faire penser, comme Socrate, que la révélation divine était au moins une chose désirable. Il est certain que Socrate ajoutait foi à ces oracles; que si l'on explique facilement quelques-unes de leurs réponses, d'autres sont bien extraordinaires; que la Providence les a laissés subsister pour un temps; et que peu après que la grande révélation les a eu remplacés, ils ont tous gardé le silence. Ces faits méritent l'attention de ceux qui rejettent l'Évangile.

Mais quelque désirable, quelque bienfaisante que soit la révélation, n'ayons pas la présomption de croire que la Divinité fût tenue de nous l'accorder. Cette prétention ne serait pas mieux fondée que s'il nous plaisait d'imaginer qu'Elle était obligée, au commencement, de créer l'homme, ou qu'Elle est forcée, par quelque détermination qui découle inévitablement de la perfection de sa nature, de nous élever à la condition des anges, ou de nous rendre tous égaux par la naissance ou par le génie. Les dispensations de la bonté et de la grâce divine, sont purement gratuites. Nous n'avons rien que nous n'ayons reçu de notre Créateur, et qu'il ne fût libre de ne pas nous accorder, sans porter aucune atteinte à sa bonté, et sans diminuer en rien son éternelle et inaltérable félicité.

Il ne nous est donc pas possible de juger jusqu'à quel point il entrait dans les vues de la Providence, de rendre la révélation universelle. Ses bons effets peuvent avoir également lieu, quoiqu'elle ne soit pas universellement connue : elle enseigne en effet que les hommes qui vécurent long-temps avant que notre Sauveur parût sur la terre, et qui n'ouïrent jamais parler de son nom, seront sauvés par ses mérites (1).

---

(1) Rom. II. 12. 14. 15. Rom. III. 29. 30.

Cela étant admis, on ne peut tirer aucune conclusion défavorable au christianisme de ce qu'il n'est connu que dans quelques parties du monde seulement, ou de ce qu'il n'a été établi que quatre mille ans après la création. Car si le christianisme eût été connu mille ans ou trois mille ans plutôt, un esprit raisonneur demanderait encore pour quelle cause il n'est pas plus ancien? pourquoi il ne prit pas naissance avec le genre humain, ou au moins à sa chute? Tout ce qui concerne l'homme a eu un commencement; et cet Être qui gouverne l'univers, qui seul connaît parfaitement ses propres desseins, et qui embrasse d'un coup-d'œil le passé, le présent et l'avenir, peut seul déterminer aussi quand doit commencer chacune des dispensations particulières de sa Providence; quelles doivent être la rapidité ou la lenteur de ses progrès, et dans quel temps elle recevra son entier accomplissement. Une foule de découvertes utiles au genre humain ont été faites dans les siècles modernes. Combien ne serait-il pas absurde de tirer de la nouveauté d'une découverte un argument contre son utilité, ou contre la bonté du suprême Dispensateur qui a accordé à l'esprit humain la faculté de découvrir aujourd'hui ce qui lui avait échappé à une époque plus reculée? Tout ici-bas se fait progressivement. Si l'homme avait reçu à la fois, dès le commencement, tous les heureux dons que la libéralité du Créateur lui avait destinés, cette vie n'aurait plus été pour lui un état d'épreuve. N'ayant dès-lors aucun désir à satisfaire, aucune faculté à exercer, et plus rien à espérer et à craindre, nous eussions été également incapables d'activité et de bonheur.

Observation.

Peut-être conviendrait-il d'observer ici que c'est sans doute une sage dispensation de la Providence, d'avoir fait précéder la connaissance des vérités les plus importantes d'une foule d'erreurs. Il est certain qu'il fallait abandonner l'homme à lui-même, durant un espace de temps plus ou moins long, pour lui faire mieux connaître les bornes de son génie, et lui faire sentir davantage le prix d'une révélation. Il fallait que dans un siècle éclairé, au sein d'une nation éclairée, les Socrate et les Platon eussent échoué dans le projet d'instruire et de réformer le genre humain, pour faire mieux ressortir le triomphe du charpentier de Judée, et de douze pêcheurs ignorans et grossiers qu'il s'associa dans ses travaux. Il devenait dès-lors évident que le *trésor* évangélique, *porté dans des vases de terre*, avait une origine céleste ; qu'une doctrine si sublime « n'était point sortie des fanges du Jourdain et qu'une lumière si éclatante n'avait pu jaillir des épaisses ténèbres de la synagogue. »

Ceux qui désireraient de plus amples détails sur ce qui fait le sujet de ce premier chapitre, pourront avoir recours au livre premier du *Traité de la vérité de la religion chrétienne* d'après Alphonse Turretin, par J. Vernet.

Il ne sera pas sans doute hors de propos de joindre ici sur la *possibilité* d'une révélation, quelques mots que nous extrairons d'un cours de théologie inédit. Cette addition, qui remplit une lacune dans ce petit traité, nous paraît d'autant plus nécessaire qu'il n'est pas rare de rencontrer sous sa main certains écrits, plus ingénieux il est vrai que solides, plus substils que profonds, où l'on trouve des assertions du genre de celles-ci : « Toute révélation est impossible. La philosophie de nos jours a fait trop de progrès pour que nous en soyons encore à disputer sur les communications de la divinité avec l'homme. Il n'y a plus que les sots qui croient aux idées révélées. — La révélation est une absurdité; elle renferme des choses extravagantes, et reconnues impossibles par tout homme qui connaît bien la marche de la nature. » Comme de telles assertions, qu'on sait bien ne pouvoir appuyer sur aucune espèce de preuve ni déduire d'aucun principe raisonnable, mais qu'on se flatte de faire passer à la faveur d'un ton tranchant et décidé qui impose, détruiraient à l'avance, si elles étaient reçues pour vraies, toute la suite de nos raisonnemens, il est pour nous de la dernière importance d'examiner si elles ont quelque chose de fondé. En effet si toute révélation est reconnue *impossible*, il est fort inutile de poursuivre notre travail. — Or là-dessus nous affirmons, et nous ne demandons pas qu'on nous croie sur parole, nous désirons seulement qu'on pèse nos raisonnemens et qu'on les juge; nous affirmons qu'aucune des trois sortes d'impossibilité connues ne peut être alléguée contre une révélation.

1°. Il est évident qu'il n'implique point *contra-*

diction, qu'un être intelligent se communique à un autre être intelligent.

2°. Il n'y a point ici *d'impossibilité physique*. La puissance de Dieu est sans bornes ; et, quand elle ne le serait pas, il ne lui serait pas plus difficile de se communiquer aux créatures intelligentes, qu'il ne l'est à chacun de nous, de communiquer nos idées à nos semblables. D'ailleurs peut-on supposer que Dieu ait eu assez de puissance, pour donner l'intelligence à un grand nombre de créatures, et qu'il n'en ait pas assez pour exercer quelque influence sur cette intelligence ?

3°. Il n'y a pas non plus ici *impossibilité morale* : il n'y a de moralement impossible à Dieu, que ce qui répugne à ses perfections morales, telles que sa bonté, sa sainteté, sa justice et sa sagesse. Or, il est impossible de soutenir qu'une révélation qui a pour but de manifester les perfections dont nous venons de parler, d'une manière plus évidente que ne pouvait le faire la raison, répugne à ses perfections. D'ailleurs le but évident de la révélation, est de ramener les hommes à la vérité et à la vertu dont ils s'étaient écartés : or ce but est on ne peut pas plus conforme au caractère d'un être qui aime souverainement la vérité et la vertu.

Si l'on allègue qu'il est bien difficile de concevoir les moyens par lesquels l'être infini peut se révéler à la créature, nous répondrons

1°. Que de ce que nous ne concevons pas une chose, il ne s'ensuit pas qu'elle soit impossible. Nous ne concevons pas, par exemple, la nature intime de l'intelligence; cependant nous ne doutons pas d'en être doués.

2°. Si nous ne pouvons pas rendre raison de tous les moyens dont Dieu peut se servir pour se révéler (ce qui ne doit pas nous étonner puisqu'il s'agit de moyens qui sont hors du cours naturel des choses), on peut cependant en concevoir quelques-uns. Dieu peut agir sur les sens d'un homme, soit en lui faisant entendre une voix, soit en lui mettant devant les yeux une représentation sensible des choses qu'il veut lui faire connaître, comme dans les visions prophétiques. Il peut aussi agir directement sur l'intelligence humaine, en imprimant si vivement certaines conceptions dans l'âme d'un prophète ou de tout autre envoyé, qu'il en demeure convaincu intimément.

Il y a deux manières de concevoir la communication miraculeuse que Dieu peut faire aux hommes, des lumières dont ils ont besoin.

1°. Il peut influer immédiatement sur l'entendement de chaque individu.

2°. Il peut aussi n'accorder qu'à un petit nombre de personnes, une manifestation particulière de sa volonté, pour que ces personnes la communiquent ensuite aux autres en son nom.

La première manière constitue la *révélation immédiate* ou *originelle*. La seconde la *révélation médiate* ou *traditionnelle*.

Si la première de ces révélations était accordée à tous les hommes, elle ne serait plus un moyen extraordinaire ; elle rentrerait alors dans la classe des événemens naturels.

Si on nous demande pourquoi Dieu n'a pas préféré ce moyen qui aurait prévenu toutes les erreurs et tous les écarts, nous répondrons

1°. Que ce n'est pas à des créatures d'un entendement borné comme nous, de vouloir pénétrer dans le conseil de l'intelligence sans bornes.

2°. Nous concevons que Dieu ayant choisi le plan actuel de l'univers, comme étant le plus conforme aux vues de son infinie sagesse ; et la liberté de l'homme ainsi que le système rémunérateur étant entrés dans ce plan, il n'a pas dû conduire l'homme par une révélation immédiate, c'est-à-dire, par une direction supérieure et irrésistible qui aurait détruit cette liberté, et ne l'aurait pas rendue susceptible de récompense.

La voie la plus convenable de se manifester aux hommes, a donc été celle qui a été mise en exécution ; savoir d'accorder immédiatement cette révélation à quelques personnes choisies, pour qu'elles la communiquassent aux autres au nom de l'Être suprême; sous la condition néanmoins de la part de ces envoyés, de présenter aux autres hommes tous les motifs de crédibilité naturellement exigibles. Ce mode de révélation est le mieux assorti à la nature de l'homme, en ce qu'il lui laisse le libre exercice de sa raison pour examiner les fondemens de la croyance qu'on doit accorder à ceux qui prennent le caractère d'envoyés de Dieu, et pour examiner la nature de l'évidence dont cette révélation est accompagnée. Cette manière de se révéler aux hommes, leur laisse donc le mérite de l'assentiment qui constitue la foi, ainsi que le mérite qui résulte de la préférence accordée à la vertu.

FIN DU CHAPITRE PREMIER.

NOTES

DU

CHAPITRE PREMIER.

[A] « A moins, disait Socrate, qu'il ne plaise
» à Dieu de vous envoyer quelqu'un qui vous
» instruise de sa part, n'espérez pas de réussir
» jamais dans le dessein de réformer les hom-
» mes. »

[B] Combien est plus sage et plus judicieux que celui des incrédules, le jugement que porte sur l'utilité de la révélation, l'un des philosophes les plus distingués du siècle dernier, le célèbre Charles Bonnet. « A Dieu ne plaise, » dit ce sincère ami de la vérité, « que je sois ni injuste ni ingrat !
» je compterai sur mes doigts les bienfaits de la
» religion, et je reconnaîtrai que la vraie philo-
» sophie elle-même lui doit sa naissance, ses pro-
» grès et sa perfection. Oserais-je bien assurer,
» que si le père des lumières n'avait point daigné

» éclairer les hommes, je ne serais pas moi-même
» idolâtre? Né peut-être au sein des plus pro-
» fondes ténèbres et de la plus monstrueuse su-
» perstition, j'aurais croupi dans la fange de mes
» préjugés; je n'aurais aperçu dans la nature et
» dans mon propre être qu'un chaos. Et si j'avais
» été assez heureux ou assez malheureux pour
» m'élever jusqu'au doute sur l'auteur des cho-
» ses, sur ma destination présente, sur ma des-
» tination future, etc., ce doute aurait été per
» pétuel; je ne serais point parvenu à le fixer, et
» il aurait fait peut-être le tourment de ma vie.

» La vraie philosophie pourrait-elle donc mé-
» connaître tout ce qu'elle doit à la religion? met-
» trait-elle sa gloire à lui porter des coups qu'elle
» saurait qui retomberaient infailliblement sur
» elle-même? La vraie religion s'éleverait-elle,
» à son tour, contre la philosophie, et oublierait-
» elle les services importans qu'elle peut en re-
» tirer? »

(*Recherches sur le Christianisme*, page 495.)

Joignons à cette autorité celle d'un homme respectable et distingué de l'époque actuelle.
« Nous ne passerons pas outre sans rendre cette
» justice à la religion chrétienne, que les opi-
» nions de tous les philosophes sur les bases es-

» sentielles des cultes, ont été plus précises et
» plus arrêtées depuis son établissement, que
» dans les siècles antérieurs. A une légère excep-
» tion près, et qui n'embrasse que cinq ou six
» noms, les anciens ont parlé avec une obscu-
» rité désespérante de Dieu, de la création, de
» l'âme, etc. Anaxagore, Socrate, Platon, Aris-
» tote, Sénèque, parlant et écrivant aujourd'hui,
» se surpasseraient eux-mêmes;... car il est à re-
» marquer que, depuis l'apparition du fils de
» Marie, ceux-là mêmes qui n'ont pas cru dans
» sa divinité (et cet argument n'est pas sans force
» en faveur de l'Homme-Dieu) se sont exprimés
» sur les grands intérêts de la terre et du ciel,
» d'une manière plus nette et plus satisfaisante
» que ne l'ont fait leurs prédécesseurs les plus
» distingués dans les chaires de philosophie. »
(*Traité de l'existence de Dieu et de l'immortalité de l'âme*, par M. KÉRATRY. Avertissement,
pages 11 et 12.)

[C] La politique artificieuse qu'on attribue à
Minos, à Lycurgue et à Numa, d'avoir supposé
l'assistance de quelque divinité, pour rendre plus
imposantes les institutions qu'ils voulaient former,
nous donne à connaître que les anciens sentaient
combien l'autorité de la raison et du génie est
insuffisante pour dominer les hommes, et com-

bien elle a besoin d'être appuyée par la manifestation de l'autorité divine. C'est ce qui fait dire à Tite-Live : « Metum Deorum ad animos descen-
» dere, sine aliquo commento miraculi, non posse
» existimavit Numa. »

« Numa ne jugea pas que la crainte des Dieux
» pût pénétrer assez avant dans les esprits, si l'on
» n'y mêlait pas un peu de surnaturel. »

[D] « Alas! what can they teach, and not mislead,
» Ignorant of themselves, of God much more?
» Much of the soul they talk, but all awry;
» And in themselves seek virtue, and to themselves
» All glory arrogate, to God give none. »

Paradise regained.

[E] *Voyez* à ce sujet l'article *Déisme* dans l'*Encyclopédie* et dans les *Mélanges de religion et de morale*, livraison d'octobre 1821.

« Il fallait donc, » ajoute l'écrivain que nous avons cité après avoir dit un mot des principaux philosophes païens, « il fallait qu'un législateur
» accrédité parût, ne fût-ce que pour fixer les
» incertitudes de l'esprit humain, donner de la
» consistance aux traditions saines, guider le sen-
» timent trop facile à s'égarer, et rendre fami-
» lières, nous osons même le dire, populaires,
» des vérités qui appartiennent à tous, mais qui,

» jusqu'à son arrivée, ne pouvaient guère être
» que le lot exclusif d'un petit nombre d'adeptes,
» divisés encore d'opinions sur la valeur réelle
» de l'héritage qu'ils avaient cru découvrir. »
(*Existence de Dieu*, de M. KÉRATRY. Avertissement, page XX.)

FIN DES NOTES DU CHAPITRE PREMIER.

CHAPITRE II.

L'histoire évangélique est vraie.

L'histoire évangélique nous ayant été transmise par écrit, seul moyen possible par lequel, à travers le long espace de dix-huit siècles, elle pouvait parvenir jusqu'à nous dans toute son intégrité, ses preuves doivent reposer en grande partie sur le témoignage humain. Ces preuves cependant ont à quelques égards un caractère qui leur est propre ; elles diffèrent essentiellement de celles qui établissent la vérité d'autres histoires. Je ne sache pas qu'il soit fait mention d'aucune circonstance de la vie de Jules César, de la bataille de Pharsale, par exemple, de la destruction des Nerviens, ou de l'invasion de la Grande-Bretagne, dans aucun écrit antérieur à la naissance de ce grand capitaine. Mais la plupart des faits rapportés dans l'Évangile, quoiqu'en apparence ils aient moins de grandeur, ont un rapport frappant avec les événemens prédits par des prophètes juifs qui vécurent plusieurs siècles avant la naissance de Jésus. Les particularités de la vie de César, les discours qu'il a tenus, les grandes négociations dans lesquelles il a été engagé, ne produisirent aucune révolution essentielle, si ce n'est qu'elles exercèrent peut-être, sur les sentimens et sur les mœurs du genre humain, une influence pernicieuse. Mais les œuvres qui furent faites, la doctrine qui fut enseignée par celui qui passait dans le monde pour le fils d'un charpentier de la Judée, et par quelques pêcheurs de ses amis, ont opéré, dans les sentimens et dans les mœurs de l'humanité, le changement le plus important et le plus heureux ; changement qui s'étendit chez plusieurs nations, et dont nous voyons et ressentons encore aujourd'hui les salutaires conséquences.

Les preuves de la vérité de l'Évangile doivent donc être présentées, d'une manière bien différente de celle des autres monumens historiques. Je considérerai d'abord le récit évangélique, uniquement comme une portion de l'histoire ancienne. J'en parlerai en second lieu, comme étant l'accomplissement de certaines prophéties. Je rechercherai enfin si l'Évangile n'a pas été confirmé en outre par l'excellence toute particulière des connaissances que nous y puisons, ainsi que par les changemens extraordinaires qu'il a opérés dans l'ensemble des affaires humaines.

SECTION PREMIÈRE.

L'Évangile considéré comme une portion de l'histoire ancienne.

Il convient de placer ici, en tête de ce que j'ai à dire sur l'évidence de l'Évangile, considéré comme une portion de l'histoire ancienne, les remarques suivantes sur le témoignage.

Il est naturel à l'homme de parler comme il pense ; cela lui est aussi facile que de se mouvoir en ligne directe. On peut marcher en arrière ou de côté ; mais la chose est moins aisée, c'est une espèce d'effort contre nature. On peut en dire autant de celui qui avance ou soutient ce qui est contraire à sa conviction. C'est là du moins une règle générale. Sans doute qu'une longue habitude de mentir, comme de marcher de côté ou en arrière, peut rendre la chose facile ; mais cette facilité ne s'acquiert que par un exercice prolongé.

Nous sommes naturellement portés à croire ce qu'on nous rapporte. Nous nous fions à la parole d'un homme dont nous avons éprouvé la probité ; mais nous ajoutons également foi au témoignage avant l'expérience ; car les enfans, qui en ont le moins, ont le plus de crédulité. Ce n'est qu'après avoir été victimes de la mauvaise foi, après avoir démêlé les motifs qui portent les hommes à tromper, que nous entrons en défiance, et que nous sommes conduits à ne plus croire ce qu'ils nous disent.

En général, toutes les fois que nous élevons quelque doute sur la véracité d'une personne, nous sommes portés à le faire par l'une ou l'autre de ces quatre raisons. Ou nous jugeons ce qu'elle dit incroyable ou invraisemblable, ou nous présumons que, dans le cas particulier dont il s'agit, quelque tentation, quelque motif la pousse à trahir la vérité; ou bien, nous pensons qu'elle n'est pas juge compétent du sujet sur lequel elle rend témoignage; ou enfin, nous soupçonnons actuellement sa véracité, parce que nous avons acquis la certitude qu'elle nous en a imposé dans d'autres circonstances. Si nous n'avons aucune raison de soupçonner sa probité; si nous reconnaissons sa compétence; si nous ne découvrons en elle aucun motif de vanité ou d'intérêt qui la porte à tromper; et si elle n'affirme rien que de croyable et de vraisemblable, nous ne balançons pas à admettre sa déclaration.

Notre foi, au témoignage d'autrui, s'élève souvent à la certitude absolue. Ainsi, la moindre teinture de l'histoire, nous fait admettre, comme positive, l'existence de certaines villes, comme Constantinople et Smyrne ; et de certaines contrées, comme l'Asie, l'Afrique et l'Amérique ; nous sommes pareillement convaincus que César et Annibal ont réellement existé, et que tous deux furent de grands capitaines, l'un romain, l'autre carthaginois; que Guillaume de Normandie a conquis l'Angleterre; que Charles Ier fut décapité, etc., etc. En effet, les preuves qui établissent la vérité de ces faits, et d'autres événemens de la même nature, sont si nombreuses, si variées et si solides, que nous regardons avec raison, comme impossible, qu'ils aient été inventés.

Quand plusieurs personnes, qui n'agissent point de concert, qui n'ont aucun intérêt à déguiser la vérité ou à soutenir ce qui est faux, et qui sont juges compétens des choses qu'elles attestent, s'accordent exactement dans leur récit, il semble qu'il faudrait avoir perdu le sens pour refuser de les croire. Même lorsque trois, ou seulement deux témoins examinés séparément, et qui n'ont pas eu d'occasion favorable pour concerter un plan à l'avance, s'accordent dans leur déposition, nous ajoutons foi à ce qu'ils disent, quoique nous n'ayons mis auparavant leur véracité à aucune épreuve ; parce que nous savons, qu'en pareil cas, leurs témoignages ne seraient point uniformes, s'ils n'étaient pas véritables. Les hommes ont toujours jugé de cette manière; c'est d'après ce principe que se décident les questions les plus importantes relatives à la vie ou à la propriété; et l'expérience universelle du genre humain démontre les avantages et la rectitude de décisions et de jugemens semblables.

Aucun témoignage quelconque, pas même celui de nos propres sens, ne doit nous faire admettre un fait impossible. Si je voyais le même homme double ou occupant deux places à la fois, je ne croirais certainement pas que la chose est ainsi, mais bien que ma vue me trompe ou que cette illusion provient de quelque phénomène opéré dans le milieu au travers duquel je l'aperçois. Quand un fait est possible, et mieux encore, quand il n'est pas improbable, le témoignage d'un étranger suffit pour nous le faire admettre, à moins que nous n'ayons de bonnes raisons de soupçonner que cet étranger a voulu nous tromper.

Les faits miraculeux ne doivent pas être rangés parmi les choses impossibles. Il fut un temps où la matière dont se compose mon corps, était aussi dépourvue de vie qu'elle le sera après que j'aurai reposé vingt années dans le tombeau. Il fut un temps où les particules élémentaires qui entrent dans la constitution de mon œil ne pouvaient pas plus mettre un être intelligent en état de voir, qu'elles ne peuvent aujourd'hui rendre un homme capable de parler, et où celles qui forment la substance de la main qui trace ces lignes, étaient aussi inertes qu'une pierre. Maintenant cependant, grâce à la bonté du Créateur, mon corps est plein de vie, ma main exécute des mouvemens, et au moyen de l'œil, j'ai la perception de la lumière et des couleurs. Mais si la Souveraine Puissance a pu produire toutes ces choses graduellement, par une succession particulière de causes et d'effets, la même Puissance ne pourrait-elle pas les effectuer dans un instant, et cela, par le concours d'autres causes à nous inconnues ? L'athée (car l'athée seul peut mettre en doute la possibilité absolue des miracles) dira-t-il que toutes les causes qui peuvent concourir à la production d'un effet, lui sont parfaitement connues ? ou est-il bien certain qu'il n'y a rien dans l'Univers que nous puissions qualifier de Souveraine Puissance ?

Rappeler un mort à la vie; rendre, au moyen d'un simple attouchement, la vue à un aveugle ; redresser un boiteux, ou guérir d'un seul mot quelqu'autre infirmité : voilà tout autant de miracles. Or, toutes ces choses ne doivent pas être plus difficiles à l'auteur de la nature, ou à quelque personne envoyée de sa part pour remplir ce but, que de communiquer à un enfant, dans le sein de sa mère, le mouvement et la vie ; de faire de l'œil le siége de la vision ; ou de ranimer la nature au printemps. Ainsi donc, si un homme, se disant envoyé de Dieu ou revêtu d'un pouvoir divin, parlant et agissant d'une manière digne d'une telle mission, opérait des miracles comme ceux-là, nous aurions les plus fortes raisons de croire que son pouvoir vient réellement du ciel.

La masse du peuple n'ayant ni le loisir ni la capacité nécessaires pour suivre un raisonnement trop profond ; et la révélation divine devant convaincre les hommes de toutes les classes, le vulgaire comme les gens instruits, les pauvres comme les riches, il est nécessaire que les preuves de cette révélation soient de nature à commander l'attention générale; il faut qu'elles persuadent les hommes de tous les rangs et de tous les caractères, et qu'elles soient mises en conséquence à la portée de chacun. Sans doute qu'il eût été facile à la Divinité de transmettre ses enseignemens immédiatement à chaque individu de l'espèce humaine par inspiration, de manière à rendre toute recherche inutile, et le doute impossible. Mais ce moyen ne se serait accordé ni avec la liberté morale de l'homme, ni avec son état d'épreuve. Une semblable dispensation eût été toute contraire aux autres dispensations de la Providence relatives à l'homme, qui, étant doué des facultés intellectuelles, sent qu'il est dans l'obligation d'en faire usage et de les perfectionner. Ce serait d'ailleurs nous faire aimer la religion, nous forcer d'y croire, sans nous laisser le pouvoir d'agir autrement. Or, un tel amour et une telle foi ne seraient la marque ni d'une bonne ni d'une mauvaise disposition. — Il n'est donc aucun genre d'évidence, compatible avec notre état d'épreuve et notre qualité d'agens moraux, qui soit propre à fixer l'attention générale, et à opérer en matière de religion une pleine conviction, chez des hommes de tout rang et de toute portée, si ce n'est l'évidence qui provient de miracles ou d'événemens surnaturels.

Un auteur a affirmé sérieusement qu'aucune doctrine ne pouvait être prouvée par les miracles : parce que, suivant lui, un témoignage, quel qu'il soit, ne peut, le moins du monde, rendre un miracle croyable. Mais un paradoxe, si contraire aux premiers principes du sens commun, et qui, d'ailleurs, a été victorieusement réfuté par le docteur Campbell, dans sa *Dissertation sur les miracles*, ne doit nullement interrompre la suite de notre argument. En effet, tout ce qui peut être vu et entendu par un nombre suffisant de témoins compétens, est du ressort du témoignage humain [A].

Certaines choses peuvent paraître surnaturelles, qui, pourtant ne le sont point. De ce genre, sont les tours d'un jongleur. Nous n'en avons pas plutôt découvert l'artifice, que nous sommes tout surpris de trouver la chose si simple, et que nous rougissons presque d'avoir admiré. D'autres objets paraissent surnaturels, aux personnes seulement qui en ignorent les causes : tels sont certains phénomènes de l'électricité, du magnétisme et de plusieurs branches de la physique expérimentale.

Mais les œuvres puissantes de notre Sauveur offrent un caractère bien différent. Rappeler un mort à la vie, guérir d'un seul mot les maladies les plus opiniâtres, marcher sur la surface de la mer en courroux; de tels actes et une foule d'autres faits, mentionnés dans l'Évangile, sont de vrais miracles, dont l'esprit humain ne peut rapporter l'exécution qu'au pouvoir de celui qui, ayant réglé le cours de la nature, est seul en état de le modifier.

L'auteur de notre religion, non-seulement a opéré plusieurs miracles de cette espèce, mais il a aussi communiqué à ses apôtres le pouvoir d'en faire de semblables. Et ce qui est encore plus surprenant, si quelque chose peut l'être davantage, c'est que lui-même, après avoir été crucifié en présence d'une grande multitude, après que sa mort eût été bien constatée, son côté ayant été percé d'une lance, après être demeuré près de trois jours couché dans le tombeau, revint à la vie, ranima ce corps qui avait été déchiré sur la croix, et passa encore quarante jours sur la terre depuis sa résurrection. Durant cet espace de temps, il eut de fréquens entretiens avec ses disciples; et à la fin, en plein jour, tandis qu'il leur parlait encore, il s'éleva de terre d'une manière sensible, jusqu'à ce qu'une nuée le dérobât à leur vue. Or, ces miracles, certainement, surpassent tout autre pouvoir que le pouvoir divin. Ainsi donc, si nous admettons la vérité de l'histoire évangélique, nous devons croire aussi, sans qu'il soit possible d'élever le moindre doute à ce sujet, que notre Seigneur fut réellement, comme il le déclare lui-même, un envoyé extraordinaire, investi d'un pouvoir surnaturel et chargé d'une mission divine. Or, la vérité de l'histoire évangélique se prouve par diverses considérations.

Elle se prouve par l'existence et par le caractère particulier de la religion de Jésus. En admettant la vérité de l'Évangile, le caractère particulier de cette religion, son état actuel et les diverses révolutions qu'elle a éprouvées, s'expliquent aisément. Dans la supposition contraire, le cercle entier des affaires humaines n'offre rien de plus inconcevable que la naissance et les progrès du christianisme. Son histoire peut être suivie pas à pas, en remontant du temps actuel à celui des apôtres. Depuis cette première époque jusqu'à nos jours, une foule si considérable d'écrivains font mention de cet Évangile; ils s'accordent sur tant de détails qui le concernent, qu'il n'existe peut-être aucune autre histoire des *anciens temps*, en faveur de laquelle on puisse fournir un si grand nombre d'autorités. Nous sommes certains que nombre de personnages éclairés de la primitive Église, placés dans les circonstances les plus favorables pour s'assurer de la vérité de cette histoire, et fortement intéressés à l'examiner de près, et à se garantir eux-mêmes de toute surprise, ont cru et attesté la vérité de l'Évangile. Ils ont scellé de leur sang, leur foi et leur témoignage. Rien de pareil, assurément, ne saurait être allégué en faveur de Xénophon, de Salluste et de Tacite; toutefois on ne s'occupe pas beaucoup de contester leur autorité, parce qu'en général, on n'a pas de grandes raisons de le faire.

Si les Évangélistes avaient écrit l'histoire ; si les apôtres avaient prêché la doctrine d'un homme qui eût vécu long-temps avant qu'eux-mêmes eussent paru dans le monde, ou que ni eux ni leurs contemporains n'eussent jamais vu, leur témoignage ne serait peut-être pas à l'abri de tout

soupçon. Mais ce n'est pas, je pense, présenter sous un faux jour, la position ou la conduite de ces docteurs extraordinaires, que de supposer qu'ils s'adressèrent aux juifs, leurs compatriotes, auxquels ils prêchèrent d'abord l'Évangile, à peu près en ces termes : « Nous vous racontons de cet
» homme, notre divin maître, plusieurs
» choses que vous-mêmes reconnaissez
» pour vraies, et nous n'en disons rien
» dont vous ne puissiez, si vous vous en
» informez exactement, acquérir vous-
» mêmes la certitude, par la déposition de
» témoins dignes de foi, qui ont vu et en-
» tendu ce que nous affirmons. Pour nous,
» en persistant à soutenir un mensonge,
» nous n'avons rien à espérer ; et vous, en
» démasquant la fourberie, vous n'avez
» rien à craindre. Le pouvoir de l'État est
» dans vos mains ; usez-en jusqu'à l'ex-
» trême rigueur, et réfutez-nous, si vous
» le pouvez. » Supposez qu'un appel de ce genre fût fait à la nation française, concernant l'histoire de certains événemens

bien connus qui se sont passés en France; supposez en même temps, que la seule réponse donnée par l'autorité publique, fût celle-ci : « Quant au sujet dont vous » parlez, nous mandons et ordonnons à » vous et à vos adhérens, sous peine de » mort, de garder le silence. » Pour quel parti, je le demande, se prononcerait-on de préférence ? Ne dirait-on pas qu'il n'y a rien de plus franc et de plus loyal que ce qui est affirmé d'un côté, tandis qu'on voit percer de l'autre un préjugé invincible et la plus opiniâtre méchanceté ?

Mais, quels motifs avaient donc les juifs, pour souhaiter que l'Évangile ne fût pas véritable, et pour fermer les yeux à la lumière, avec tant de persévérance et d'obstination ? Des motifs de la plus grande force, des motifs qu'il est toujours et chez toute nation difficile de combattre avec succès, mais auxquels la perversité inhérente à la nation juive, ajoutait une énergie que rien ne pouvait vaincre.

Car, premièrement, si depuis qu'ils

avaient mis à mort notre Seigneur, les principaux d'entre les juifs l'avaient reconnu pour le messie, eux-mêmes se seraient par là déclarés coupables du crime le plus horrible qui jamais ait flétri une nation. Or, on pouvait difficilement s'attendre, de la part de chefs si orgueilleux, à un aveu aussi humiliant.

On ne pouvait pas espérer, en second lieu, qu'ils fussent mieux disposés à consentir à l'abolition de la loi de Moïse, qui avait subsisté si long-temps ; qui avait donné tant d'éclat à leur nation, à leur temple et à leur ville capitale ; qui leur apprenait à se considérer eux-mêmes, comme le peuple choisi de Dieu, et qui faisait rejaillir tant d'honneurs et tant d'avantages sur leurs prêtres, sur leurs scribes et sur leurs anciens qui, à ce que nous apprenons, furent en effet les ennemis les plus acharnés de la religion nouvelle.

Diverses considérations politiques devaient encore, en troisième lieu, les indisposer contre l'Évangile, et les porter à envisager les hommes qui le prêchaient, comme ennemis de leur nation. En effet, si le messie était déjà venu, toutes ces flatteuses espérances que les juifs avaient conçues, d'un messie conquérant glorieux, qui les délivrerait du joug des Romains, et qui les élèverait au-dessus de toutes les nations, étaient dissipées pour toujours. Et dès-lors, ils avaient à craindre que les Romains, dont quelques-uns, au rapport de Tacite et de Suétone, n'ignoraient pas qu'un libérateur puissant était attendu en Judée à cette époque; ils avaient à craindre, dis-je, que les Romains, une fois tranquilles sur ce point, ne fussent enhardis à les opprimer avec plus de rigueur, et même *à détruire*, comme l'exprimaient avec énergie les habitans de Jérusalem, *leur ville et leur nation* (1). On ne sait pas jusqu'à quel point les Romains purent être intimidés, par ce qu'ils avaient ouï dire des prophéties des juifs concernant

---

(1) Jean XI. 48.

le messie : toutefois il était assez naturel à un juif de leur supposer des craintes, et de croire ces craintes fondées ; surtout s'il savait, comme on peut le présumer, jusqu'où les Romains, dans tout ce qui tenait aux oracles, poussaient la superstition. Hérode, par son massacre des innocens, donna lieu de croire qu'il redoutait la venue du messie; et cet événement fut bien connu à Rome; s'il est vrai, comme le rapporte Macrobe, qu'Auguste en ayant ouï parler, et instruit que l'un des fils d'Hérode avait péri dans ce massacre, observait en raillant : « qu'il valait mieux » être le porc d'Hérode que son fils. » Quelques auteurs supposent, toutefois, sur l'autorité de Josephe, qu'Hérode n'avait pas alors de fils au-dessous de l'âge de deux ans ; et que le sarcasme de l'empereur fut avec plus de vraisemblance occasioné par la cruauté que fit paraître Hérode, en mettant à mort deux de ses fils, Aristobule et Alexandre, qu'il avait eus de son épouse Marianne; et un autre de ses enfans, nommé Antipater, qu'on disait avoir trempé dans une conspiration tramée contre les jours de son père. Mais ceci est tout-à-fait étranger à la preuve que nous développons.

En un mot, si le préjugé, l'orgueil, l'ambition, le zèle religieux ou la partialité nationale, suffisent bien souvent pour inspirer aux hommes de l'éloignement à adopter un système quelconque de croyance, nous n'avons nullement lieu d'être surpris de l'obstination que firent paraître les principaux d'entre les juifs. Leurs passions généralement violentes, se soulevèrent tout entières, et s'exaspérèrent au plus haut point, contre Jésus et sa religion. Il est donc bien plus surprenant que tant d'hommes de cette nation se soient déclarés ses disciples, qu'il ne l'est qu'un si grand nombre d'autres se soient prononcés contre lui. Aujourd'hui, ce semble, personne, à l'exception des pécheurs endurcis, n'est intéressé à ce que la vérité de l'Évangile ne soit pas généralement reconnue. Il n'est point rare cependant de rencontrer, même de nos jours, un certain esprit d'opposition à l'Évangile, et un défaut complet de bonne-foi dans l'examen de sa doctrine et de ses preuves.

Si tel était le caractère des principaux d'entre les juifs ; si nous pouvons soupçonner raisonnablement que des hommes qui ne craignirent pas de se souiller par l'injustice et par la cruauté, comme l'histoire nous l'atteste d'une manière positive, ne durent pas craindre à plus forte raison de se souiller par un mensonge, n'est-il pas bien étrange que les faits rapportés dans l'Évangile n'aient été niés par aucune autorité contemporaine? Il est certain pourtant qu'ils ne le furent point ; car si de telles autorités avaient jamais existé, elles auraient été conservées, les ennemis du christianisme n'auraient pas manqué de les produire, et ses défenseurs les auraient combattues dans leurs écrits. Comment donc rendre raison de ce fait? je ne pense pas qu'on puisse l'expliquer d'aucune autre manière, qu'en supposant que les circonstances de la vie de notre Sauveur étaient si bien connues en Judée, qu'aucun récit contraire n'aurait obtenu de crédit. Les chefs de la nation n'auraient pu que nuire à leur propre cause, en publiant des choses qu'ils auraient été hors d'état de persuader au peuple. En conséquence il entrait mieux dans l'intérêt de leur politique de nourrir les passions et les préjugés de la multitude, de fomenter un esprit de persécution, de se renfermer eux-mêmes dans des assertions violentes et générales, d'éviter et d'éloigner toute enquête trop minutieuse. La vérité est que les premiers incrédules ne nièrent point les miracles de Jésus, mais qu'ils les imputèrent à la magie ou au pouvoir du démon; doctrine que notre Sauveur lui-même eut la condescendance de réfuter, et dont nos incrédules modernes ne cherchent pas à tirer avantage, parce qu'aujourd'hui personne ne croit plus à la magie.

Mais, dira-t-on, le préjugé et la passion se taisent à la fin, et laissent à l'esprit le loisir et le calme nécessaires pour un examen plus approfondi. Si les circonstances de la vie de notre Sauveur eussent été alors aussi bien connues que nous le supposons ici, les juifs n'auraient-ils pas fini par se rendre à l'évidence et par reconnaître la vérité? On ne peut nier que plusieurs d'entre eux embrassèrent ce parti. Mais nous apprenons par d'autres histoires, aussi bien que par celle des juifs, qu'un long espace de temps est quelquefois nécessaire pour calmer les passions, quand elles ont été violemment excitées par des sujets d'un intérêt majeur et général. Observons de plus que les juifs n'eurent pas alors beaucoup de temps à donner à la réflexion et au repos. La génération qui envoya Jésus à la mort n'était pas encore passée, quand éclatèrent les troubles de la Judée; et moins de quarante ans après la crucifixion du Sauveur, Jérusalem fut rasée de fond en comble, la majeure partie de la nation exterminée, et le reste dispersé dans toute l'étendue de l'empire romain [B].

Mais si les chefs de la nation juive étaient aussi acharnés contre la nouvelle religion, qu'on a voulu le supposer, pourquoi, demandera-t-on, ne l'ont-ils pas anéantie d'un seul coup, en mettant à mort tous les apôtres? Il est vrai que, dans un transport de fureur, ils lapidèrent Étienne, et qu'Hérode fit périr par l'épée Jacques, frère de Jean; mais on laissa la vie à Pierre, à Paul et aux autres disciples; et peu de temps après nous apprenons qu'il y avait une église à Jérusalem, et une autre à Antioche. Or comment concilier une telle conduite avec ce qui a été dit plus haut, de la résistance opiniâtre et de la violence des principaux d'entre les juifs.

On pourrait répondre qu'il en fut ordonné ainsi par une Providence qui dirige tout, et qui, ayant décrété que la religion du Christ ne serait point détruite, intervenait pour un temps, d'une manière miraculeuse, dans la conservation de ses ministres. Si le lecteur n'est pas satisfait de cette réponse, qu'il pèse les considérations suivantes :

1°. Les juifs n'avaient aucune raison d'espérer, qu'en mettant à mort tous les apôtres, ou tous les chrétiens qu'ils pourraient découvrir, ils anéantiraient le christianisme. Il pouvait se trouver d'autres personnes qui avaient embrassé la nouvelle religion, et dont ils n'avaient jamais ouï parler; car notre Sauveur, durant son séjour sur la terre, s'était attaché un grand nombre de disciples. Saint Paul parle de cinq cents frères, qui pouvaient rendre témoignage de la résurrection de son maître; et l'on sait que trois mille personnes se convertirent le jour de la Pentecôte, et cinq mille, peu de jours après.

2°. Pierre et Paul, quoique épargnés et relâchés, ne vécurent pas long-temps tranquilles; bientôt ils essuyèrent la plus violente persécution; et le premier, s'il n'eût échappé par un miracle, aurait été mis à mort par Hérode, comme Jacques l'avait été dans une autre circonstance non moins critique ; le second ne dut son salut qu'à sa qualité de citoyen romain, à laquelle il en appela devant César.

3°. Plusieurs apôtres, peu après la descente du Saint-Esprit, quittèrent Jérusalem, et portèrent l'Évangile dans d'autres contrées. Ce fut en particulier le cas de saint Paul. Conduit à Rome sur son appel à l'empereur, son séjour y fut décisif pour le triomphe de la cause à laquelle il s'était voué tout entier.

4°. On peut présumer que les chrétiens de cette époque étaient paisibles et incapables de causer le moindre mal; et nous savons en effet, d'une manière certaine, que ce fut là leur caractère. Mais les gouverneurs de la nation, qui n'en connaissaient pas le nombre, pouvaient craindre de leur déclarer ouvertement la guerre. Ils devaient d'ailleurs, s'ils poussaient les choses à l'extrême, redouter les effets de cette influence que les apôtres acquéraient de jour en jour sur l'esprit du peuple. Les plus cruels tyrans, alors même qu'ils sont revêtus d'une autorité absolue, ne sont point à l'abri de telles craintes; combien devait être plus craintive et plus timide, une aristocratie tyrannique, défiante et qui tremblait devant la puissance romaine!

A toutes ces considérations, j'ajouterai en cinquième lieu, ce sage avis qu'émit Gamaliel dans le conseil de la nation : « Ne
» poursuivez plus ces gens-ci, mais laissez-
» les en repos ; car si c'est une entreprise
» ou un ouvrage des hommes, il se dé-
» truira *de soi-même;* mais si cet ouvrage
» vient de Dieu, vous ne pourrez le dé-
» truire; et prenez garde qu'il ne se trouve
» que vous ayez fait la guerre à Dieu. »
Cet avis, selon moi, était pour eux d'un grand poids; il méritait d'autant mieux d'être écouté, qu'il eût été difficile d'en donner un meilleur. L'événement a prouvé que Gamaliel fut tout à la fois un homme sage et religieux; et le conseil qu'il donna

si à propos aux premiers ennemis de l'Évangile, convient également à ceux qui le combattent de nos jours.

Non-seulement on ne trouve rien chez les écrivains de l'antiquité, qui contredise la vérité de l'histoire évangélique; mais on y rencontre plusieurs témoignages qui la confirment. Tacite atteste, et tous les auteurs qui ont écrit sur le même sujet, admettent également que le Christ souffrit sous Ponce-Pilate, et qu'il fut le fondateur de la secte des chrétiens. Les faits, rapportés dans le Nouveau Testament, concernant Hérode, Pilate, Festus et Félix, sont cités par Josephe et consignés dans le Talmud juif. Et l'on a quelques raisons de croire que des auteurs païens (1), aussi bien que des évangélistes, ont fait mention de la nouvelle étoile qui parut à la naissance du Sauveur, du tremblement de terre et des ténèbres extraordinaires

---

(1) *Voyez* Grotius, *de verit. Rel. Christ. lib. iii.* 14; et Macrob, Sat. lib. ii. 4.

qui accompagnèrent sa crucifixion, ainsi que du massacre des innocens, ordonné par Hérode. Toutefois, je ne donne pas ceci comme certain; et je ne juge pas à propos de faire reposer là-dessus aucune partie essentielle de la preuve.

Il paraît, il est vrai, que les écrivains romains de ce temps-là, tant les historiens que les philosophes, vécurent dans une profonde ignorance, sur ce qui concerne la vie et la doctrine de notre Sauveur, et qu'ils semblèrent peu désireux de s'éclairer sur cet article. Mais devons-nous en être surpris? Nous ne le serons point, sans doute, si nous songeons à la distance qui sépare Rome de la Judée; à l'état de la navigation à cette époque; à l'opinion dédaigneuse que les Romains, alors maîtres du monde, avaient conçue et du caractère national et de la religion des juifs; à l'esprit hautain de la philosophie païenne, si directement opposé à ces dispositions d'humilité et de docilité que le Sauveur exige de ses disciples. Cette insouciance des Romains pour Jésus et pour sa doctrine, ne nous surprendra pas davantage, si nous pensons à la différence énorme qui se trouve entre une religion toute pratique, dont le seul but est de purifier le cœur et de le préparer pour le ciel; et une philosophie cultivée principalement dans le dessein d'exciter des débats, et de faire briller les talens du rhéteur. Elle nous surprendra moins encore, si nous réfléchissons enfin à l'humble condition et aux dehors repoussans des premiers prédicateurs de l'Évangile, qui formaient un contraste si frappant avec l'éclat et les manières étudiées des Épicuriens et des Stoïciens; si nous réfléchissons surtout au supplice de la croix qu'avait enduré l'auteur du christianisme; supplice que ses sectateurs avouaient publiquement, comme une chose dont ils se faisaient gloire; mais que, suivant l'opinion généralement reçue en Judée, et dans tout le reste de l'empire romain, on regardait alors comme un genre de mort tellement ignominieux, qu'on ne pensait pas qu'il pût jamais devenir le sort d'un homme qui eût ou qui méritât d'avoir quelque nom dans le monde. Celui qui pèsera ces raisons, et qui se fera une juste idée de l'état des sciences à cette époque, du caractère de ceux qui furent décorés du titre de savans et du véritable esprit de l'Évangile, verra sans doute avec surprise qu'un si grand nombre de personnes aient embrassé la foi chrétienne ; mais il ne lui paraîtra nullement extraordinaire que Sénèque, Épictète, Pline l'ancien, Pline le jeune, Tacite et Marc-Aurèle soient demeurés païens. On peut voir ce sujet mis dans tout son jour, avec une rigoureuse et élégante précision, dans le quatrième chapitre des *Recherches de sir David Dalrymple, sur les antiquités de l'Église chrétienne* (1).

Quelques-uns des premiers chrétiens, dont les écrits subsistent encore, parlent

---

(1) *Voyez* aussi les *Sermons de l'évêque Porteus*, Serm. X.

des Évangiles comme étant les ouvrages des auteurs dont ils portent les noms. Et il faut convenir que les écrivains dont nous parlons, furent placés dans les circonstances les plus favorables, pour recueillir sur ce sujet des renseignemens précis, ainsi que pour comparer l'histoire évangélique avec les traditions les plus authentiques, touchant les personnes et les événemens dont il est parlé dans nos saints livres. Origène, qui naquit au second siècle, était contemporain d'Irénée. Celui-ci était disciple de Polycarpe qui, lui-même, avait été disciple de l'apôtre Jean, et personnellement lié avec d'autres chrétiens de la primitive Église [C]. Imaginera-t-on que ces hommes n'étaient pas les premiers intéressés à s'assurer de la vérité d'une religion, pour la défense de laquelle il y avait tout lieu de présumer qu'ils seraient appelés à souffrir la persécution et la mort ? Si nous nous supposons nous-mêmes à leur place, avec une perspective aussi redoutable, et avec les mêmes moyens de nous éclairer, qui furent à leur portée, nous sentirons qu'il n'est pas possible à un homme de l'esprit le plus borné, de faire et de souffrir ce qu'ils ont fait et souffert, s'il n'est fermement convaincu que la doctrine qu'il soutient est véritable, et qu'il a de solides raisons d'y ajouter foi.

Ajoutons à cela que les Épîtres, qui sont de la même époque que les livres historiques du Nouveau Testament, paraissent évidemment avoir été composées par des hommes qui écrivaient avec gravité, et adaptées aux conjonctures et aux circonstances réelles de ce temps-là.

Le style de l'Évangile porte aussi avec soi une preuve frappante de sa vérité. Nous n'y découvrons aucune apparence d'artifice ou d'esprit de parti; point de tentatives d'exagérer d'un côté ou d'atténuer de l'autre ; point de remarques tendant à prévenir des objections; aucune trace de cette prudente circonspection, qui ne manque jamais de caractériser le témoignage de quiconque a la conscience de son imposture; aucun effort pour familiariser l'esprit du lecteur avec les choses qui pourront lui paraître extraordinaires dans le cours de la narration. Tout est clair, simple et naïf; les historiens ne font point de réflexions sur eux-mêmes, mais se renferment dans la substance des faits, c'est-à-dire qu'ils s'en tiennent à ce qu'ils ont vu et entendu; et ils racontent leurs propres erreurs et leurs propres faiblesses, avec autant de candeur que les autres particularités de leur récit.

Le lecteur qui désirera de plus amples développemens sur quelqu'une de ces preuves, ou qui voudra éclaircir d'autres points dont il sera fait mention dans la suite de ce petit traité, pourra, s'il n'a pas le loisir de lire des écrits plus volumineux, consulter le court, mais élégant *Traité de la religion chrétienne* du célèbre Addison. Il jugera par là que la certitude de l'histoire évangélique est pour le moins aussi bien démontrée que celle d'aucune autre histoire de la même époque, et que nous appuyant uniquement sur le témoignage humain, sans tenir compte pour le moment de la divine autorité des écrivains sacrés, nous avons d'aussi bonnes raisons de croire ce que le Nouveau Testament nous rapporte de la naissance, de la vie, des miracles, de la mort et de la doctrine de Jésus, que d'ajouter foi à ce qu'on nous rapporte de la bataille de Cannes, de l'assassinat de Jules César, ou de tout autre événement de l'antiquité (1). Nous avons même de la vérité de l'Évangile, deux preuves palpables qui subsistent encore au milieu de nous, et dont nous n'avons pas parlé jusqu'ici, je veux dire les deux sacremens qu'on reconnaît avoir été établis dans l'église chrétienne dès le commencement, et de l'origine desquels il ne serait pas facile de rendre raison, en supposant que l'É-

---

(1) *Voyez* aussi le premier chapitre des *Évidences du D. Chalmers*, intitulé *des Principes de la vérité historique, et de leur application à la question de la vérité du christianisme*, où ce sujet est supérieurement traité.

vangile n'est pas véritable. Ces institutions, indépendamment des autres excellens effets qu'elles produisent, seront jusqu'à la fin du monde, des témoignages subsistans de la vérité de notre religion.

Si l'on prétendait que ce que les apôtres rapportent de ces institutions, ainsi que certaines particularités de leur histoire, sont le fruit de leur invention, je répondrais pour le moment (car leur véracité sera examinée par la suite), que deux simples cérémonies, qui ne fournissent aucun aliment à l'avarice, à l'ambition ou à la sensualité, et dont le but principal est de purifier le cœur, d'inspirer l'humilité et la piété, peuvent difficilement avoir été imaginées par des hommes qui étaient résolus, comme doivent le croire ceux qui rejettent leur témoignage à vivre et à mourir dans l'imposture et dans l'hypocrisie. Quant à l'établissement de ces cérémonies, c'est un point sur lequel les apôtres ne peuvent avoir été trompés. Ils ne peuvent pas s'être imaginé, en effet, avoir reçu la mission de baptiser les nations, s'ils ne l'ont pas reçue. Ils ne peuvent pas avoir été persuadés qu'ils furent présens à la célébration du premier souper de la Pâques, s'ils n'y ont pas réellement assisté.

Mais, dira-t-on, ces points de l'histoire romaine dont il a été parlé plus haut, ne sont-ils pas plus probables en eux-mêmes, que l'histoire évangélique? Les premiers ne sont-ils pas en harmonie avec le cours habituel des affaires humaines? Et la dernière n'est-elle pas un récit d'événemens, dont plusieurs sont extraordinaires, et qui diffèrent essentiellement de tout ce que nous avons jamais observé? Qu'il me soit permis de demander à mon tour, si dans le cas où les hommes auraient été informés et fondés à croire qu'ils allaient recevoir du ciel une manifestation de la volonté divine, ils ne devaient pas naturellement s'attendre à quelque chose d'extraordinaire? N'auraient-ils pas eu raison de dire: « Les pensées de Dieu ne sont pas nos pen-

» sées, et ses voies ne sont pas nos voies.
» Autant les cieux sont élevés au-dessus
» de la terre, autant ses voies sont au-
» dessus de nos voies, et ses pensées
» au-dessus de nos pensées. Cette révéla-
» tion étant une chose surnaturelle, il est
» probable, il est même certain qu'elle
» doit être accompagnée de circonstances
» surnaturelles. » Et dans le fait, l'histoire évangélique, considérée comme l'exposé d'une révélation divine, n'est pas moins probable que l'histoire romaine, envisagée comme étant le récit des actions des hommes. Les connaissances que nous avons acquises de la faiblesse, de la méchanceté et des autres traits particuliers du caractère de l'homme, nous font admettre la probabilité de ce qu'on nous raconte d'Annibal et de César : et ce que nous connaissons avec une égale certitude, de la sagesse, de la puissance et de la bonté du Créateur, nous fera admettre pareillement la probabilité de l'histoire sacrée. L'essence divine et l'esprit humain échappent

également aux yeux de notre corps mortel; la nature de l'une et de l'autre se peint dans leurs actes; et il résulte de l'examen de ces actes, qu'il n'est pas plus évident que l'homme est faible et méchant, qu'il ne l'est que Dieu est tout sage, tout puissant et tout bon.

Si Jésus n'eût rien fait paraître d'extraordinaire ni dans sa vie ni dans sa doctrine, il aurait fourni par là un argument d'un grand poids contre sa divine mission. « Cet homme » aurait-on pu objecter, « se donne pour envoyé de Dieu; il
» se déclare inspiré, et prétend que ses
» œuvres émanent d'un pouvoir divin; et
» cependant, il ne dit et ne fait rien que
» ce qu'aurait pu dire et faire un homme
» ordinaire; jamais il ne lui est rien arrivé
» qui ait dépassé les événemens communs
» de la vie. Comment donc croirons-nous
» que sa sagesse ou son pouvoir sont su-
» périeurs à la sagesse ou au pouvoir des
» autres hommes? » Si une telle objection eût été fondée, il n'eût pas été facile, je

pense, d'y faire une réponse, à moins donc qu'il ne soit prouvé, que les événemens surnaturels, rapportés dans nos saints livres, sont indignes de Dieu ou impossibles en eux-mêmes (ce que ne soutiendra jamais quiconque est en état d'apprécier la nature de ces faits); il se trouvera que ces événemens ajouteront à la crédibilité de l'Évangile ; et cela, dans la même proportion à peu près que des événemens surnaturels, attribués à un homme ordinaire, porteraient atteinte à la crédibilité de l'historien qui les raconterait.

La probabilité que l'Évangile est vrai, se déduit encore de l'extrême improbabilité qu'il puisse être faux. Il n'approche en rien, comme nous l'observerons plus particulièrement dans la suite, de tout ce qui est le fruit de l'invention humaine. La perfection de sa morale surpasse de beaucoup les efforts de la sagesse de l'homme. Le caractère de son fondateur est infiniment supérieur à celui d'un simple mortel; et il faut convenir que les apôtres ne peuvent, sous aucun rapport, être comparés à d'autres pêcheurs ou à d'autres docteurs qui, dans aucun temps, aient fixé l'attention des hommes. Les vues développées dans l'Évangile, touchant les dispensations divines à l'égard de la race humaine, sont telles, qu'avant que notre Sauveur eût commencé son ministère, elles ne s'étaient jamais présentées à l'esprit d'aucun mortel. Pour se persuader que tout cela est de pure invention humaine, il faudrait avoir une dose de crédulité qui, dans le cours ordinaire des choses, compromettrait un peu la raison d'un homme sage. C'est comme si quelqu'un s'imaginait qu'un vaisseau de guerre du premier ordre est l'ouvrage d'un enfant [D].

Si les apôtres avaient tramé une imposture, il s'en serait rencontré plusieurs parmi eux qui ne l'auraient pas soutenue jusqu'au bout. On ne doit pas s'attendre à ce que douze personnes occupées à publier une fable, et dispersées dans ce but, sur différentes parties de la terre, persévèrent jusqu'à la fin dans la même déclaration, en bravant la persécution et la mort. Il est vrai que tous les apôtres ne persévérèrent pas. L'un d'eux fut un traître ; mais que devint-il ? Dans le temps où il n'avait rien à espérer ou à craindre de la part des hommes ; après que son maître eut été condamné, que ses premiers compagnons eurent été dispersés et épouvantés, tandis que lui-même était protégé par les principaux d'entre les juifs, ce traître est saisi par le remords, il confesse qu'il a trahi le sang innocent, il reporte à ceux de qui il l'a reçu, le salaire de son iniquité, et, dans son désespoir, il se retire et se donne la mort. Dans la supposition que l'Évangile est vrai, tout cela est naturel et probable ; dans la supposition contraire, tout cela est incroyable et impossible.

SECTION SECONDE.

Continuation du même sujet.

De l'argument tiré des prophéties.

Il est plusieurs points de l'histoire évangélique qui sont un accomplissement de certaines prophéties, religieusement conservées par les juifs eux-mêmes, et consignées par écrit, plusieurs siècles avant la naissance de notre Sauveur. Une prophétie est une chose possible pour tous ceux qui admettent la possibilité d'autres miracles, c'est-à-dire, pour tous ceux qui reconnaissent le pouvoir et la toute science de la Divinité. Assurément il faudrait avoir bien de la présomption pour oser soutenir que, dans les anciens temps et antérieurement à la dernière et grande manifestation de la vérité divine, les prophéties et les autres miracles ne furent ni utiles ni nécessaires, par la raison qu'ils ne le sont plus aujourd'hui.

Il paraît, par l'histoire de l'Ancien-Testament, que dès les premiers âges du monde, les juifs et leurs anciens patriarches avaient conçu l'espoir qu'un personnage extraordinaire, désigné par quelques prophètes sous le nom de *Messie*, c'est-à-dire d'*Oint*, ou de *Christ*, paraîtrait tôt ou tard sur la terre, et opérerait le changement le plus important chez le peuple juif et chez toutes les autres nations. Les anciennes prophéties qui semblent se rapporter à ce personnage, quand on les examine séparément, paraissent, au premier coup-d'œil, offrir un sens moins précis que celui que leur attribuent les chrétiens. Mais quand on compare ces prophéties entre elles; quand on observe comment elles s'enchaînent, comment elles s'éclaircissent mutuellement, comment l'une imite souvent le langage de l'autre, et emprunte quelquefois les mêmes expressions, on ne peut qu'être frappé de leur force et de leur liaison. On ne sera pas moins surpris de trouver, malgré la variété et la contradiction apparente des circonstances prédites, qu'un si grand nombre d'entre elles aient été aussi exactement accomplies dans l'histoire de la naissance, de la vie, de la mort et de la religion de Jésus de Nazareth.

Peu après la chute du premier homme, il fut prédit que ce grand personnage (1) serait, dans un sens particulier, le fils d'une femme, qu'il aurait à souffrir de la malice de Satan, mais qu'il entraînerait la ruine de cet esprit de ténèbres. Deux mille ans après, il fut prédit à Abraham que ce personnage naîtrait de la postérité d'Isaac, et que *toutes les nations de la terre seraient bénies en lui.* Dans la suite, il fut encore prédit qu'il sortirait de la tribu de Juda et de la famille de David, et qu'il naîtrait d'une vierge, dans la ville de Béthléem. Le patriarche Jacob avait annoncé que le gouvernement des juifs subsisterait jusqu'à ce que l'envoyé eût paru, et l'époque précise de sa mort se trouve fixée par le prophète Daniel, comme l'a démontré M. Fer-

---

(1) Genèse III. 15.

guson de la manière la plus satisfaisante (1). Il avait été prédit que ce Messie, ce puissant et glorieux sauveur, mourrait d'une mort violente, comme un malfaiteur, non à cause de ses propres péchés, mais à cause des péchés du genre humain, et que bientôt après sa mort, la ville et le temple de Jérusalem seraient détruits. Toutefois, il avait été prédit également que, malgré cette mort ignominieuse, son empire s'étendrait sur toutes les nations, et n'aurait point de fin ; que ce libérateur puissant parlerait de paix aux adorateurs des faux dieux, et qu'il établirait un nouvel ordre de choses, dont le but final serait le repos et le bonheur éternel.

Il avait été prédit qu'il annoncerait au pauvre l'heureuse nouvelle du salut, qu'il ferait plusieurs miracles pour le soulage-

---

(1) Deux lettres de J. Ferguson à J. Kannedy sur les erreurs à relever dans la partie astronomique de la chronologie de l'écriture sainte.

Londres, 1775.

ment de l'humanité souffrante ; en particulier, qu'il rendrait la vue aux aveugles, la parole aux muets, l'ouïe aux sourds, et l'usage de leurs membres aux estropiés. Il avait été prédit qu'il serait vendu pour trente pièces d'argent, et qu'avec cet argent on achèterait le champ d'un potier; qu'il serait fouetté, souffleté, et qu'on lui cracherait au visage, que, néanmoins, il ferait paraître la plus grande douceur, et garderait le silence vis-à-vis de ses accusateurs ; qu'il aurait les mains et le côté percés, mais que ses os ne seraient pas rompus; qu'on lui présenterait à boire du fiel et du vinaigre; que ses vêtemens seraient tirés au sort; que son corps serait enseveli dans le tombeau d'un homme riche, et qu'il ressusciterait avant d'avoir éprouvé la corruption. Or, il n'est personne de ceux qui ont lu le Nouveau-Testament, à qui il soit besoin de faire observer jusqu'à quel point ces prédictions ont été accomplies en Jésus ; que ce n'est qu'en lui seul qu'elles le furent, et jamais dans aucun autre personnage qui ait paru, à aucune époque sur la terre.

Mais toutes ces prédictions furent-elles appliquées au Messie par les prophètes avec une égale clarté? Non, elles ne le furent point. Les unes sont plus claires et plus positives, d'autres ne renferment que des allusions. Et je conviens que si nous n'avions absolument aucune autre preuve de la vérité de notre religion, celle-ci ne me paraîtrait pas aussi concluante qu'elle l'est. Mais si nous jetons un coup-d'œil général sur l'Ancien et sur le Nouveau-Testament; si nous observons que l'un est, pour ainsi dire, le complément de l'autre, et que la révélation contenue dans ces deux ouvrages, bien que composée de plusieurs parties, transmise par divers auteurs et à diverses époques, a néanmoins le même but et la plus parfaite unité de dessein; si nous réfléchissons que ces prophéties n'auraient absolument aucun sens si elles n'avaient pas été accomplies en Jésus; mais qu'accomplies en lui, elles ont la signification la plus précise ; si nous pensons que les prophètes qui les ont énoncées, ont prédit plusieurs autres choses que l'événement a justifiées ; entre autres le sort de Tyr et de l'Égypte, de Cyrus et de Babylone, ainsi que l'état des juifs depuis qu'ils furent dispersés par les Romains ; et, ce qui s'applique plus directement encore au but que nous avons en vue, si nous découvrons que notre Sauveur et ses apôtres, dont la véracité et la science surnaturelle peuvent se démontrer par d'autres preuves, en appellent à ces prophéties, justifient par elles leur doctrine et leur conduite, s'en servent souvent pour réduire au silence et pour convertir ces juifs, qui avaient étudié les prophètes, et qui reconnaissaient leur authenticité : en un mot, si nous joignons cette preuve aux autres preuves de notre religion, nous demeurerons convaincus que l'argument tiré des prophéties a en lui-même une force qui ne peut manquer de faire une impression profonde sur tout esprit droit et judicieux. Que l'ennemi du christianisme ne s'imagine pas toutefois triompher, lors même que cet argument ne lui paraîtrait pas concluant ! La vérité de notre religion peut se démontrer, quand bien même nous négligerions cette partie de son évidence. Quoi qu'il en soit, les prophéties servent à affermir la foi du chrétien qui cherche à s'instruire, et elles ont singulièrement contribué à la conversion de quelques incrédules modernes, tout comme elles avaient contribué à convertir les anciens juifs. C'est ce dont on peut se convaincre, en lisant le récit de l'évêque Burnet, sur la mort du comte de Rochester.

Les plus recommandables des anciens philosophes reconnurent que nous étions tenus d'observer certains devoirs de sociabilité ; mais on ne découvre, ni chez eux ni chez les juifs, un sentiment de bienveillance universelle, ou un désir d'étendre en tous lieux le règne de la vertu, et d'assurer le bonheur du genre humain. L'amour de la patrie est exalté par les écrivains grecs et romains comme une vertu sublime; mais telle était la nature de cette vertu, qu'elle n'exigeait des hommes autre chose que de s'occuper exclusivement des intérêts de leur propre communauté, sans guère s'embarrasser de ceux des autres nations. Et, à cet égard, les idées des juifs étaient aussi rétrécies que celles d'aucun autre peuple; car, bien que la morale de Moïse et des prophètes eût dû leur suggérer une manière plus libérale de penser, il est de fait qu'ils méprisaient et haïssaient toutes les autres nations. Comment donc pouvait-il entrer dans l'esprit d'aucun juif, si ce n'est par quelque moyen surnaturel, que le Prince et le Messie promis, qu'on s'attendait à voir opérer de si grandes choses en faveur du peuple juif, serait aussi une lumière qui brillerait pour les nations païennes, et que l'influence de son pouvoir et de sa bonté, comme libérateur du genre humain, s'étendrait à tous les pays et à tous les âges ? Cette sublime idée nous est familière, parce que nous l'avons puisée dans nos saints livres; mais ce qui montre combien elle devait être étrangère aux hommes privés du secours de la révélation, c'est qu'on n'en retrouve nulle trace dans aucun auteur païen. La quatrième églogue de Virgile forme peut-être la seule exception ; encore pense-t-on généralement que ce poëme, selon toute apparence, fut composé d'après quelques fragmens d'un ancien oracle d'Ésaïe, tombé par hasard entre les mains du grand poète latin.

Il ne serait pas difficile de montrer que plusieurs autres prophéties, eu égard aux opinions et au caractère des juifs, sont tout-à-fait inexplicables, si nous ne les admettons pas comme le résultat de l'inspiration. De ce genre est cet oracle mémorable de Zacharie, littéralement accompli depuis dans toutes ses parties. « Fille de Sion, que ta joie soit parfaite ! » pousse des cris de réjouissance, fille de » Jérusalem ! voici ton roi juste, et qui se » soutient par lui-même ; il vient à toi dans » un état de pauvreté, et monté sur un

» ânon, le poulain d'une ânesse. » Y avait-il la moindre probabilité que l'événement justifierait une telle prédiction ? Les rois et les conquérans avaient-ils coutume d'entrer ainsi dans leurs villes capitales ? Était-ce sous cette humble apparence que les juifs s'attendaient à voir paraître leur Messie glorieux et triomphant ? Cependant ce fut de cette manière qu'il parut, infiniment plus triomphant et plus glorieux que s'il se fût montré tel qu'ils l'attendaient.

Avant de quitter l'article des prophéties, ajoutons ici une observation peut-être prématurée, mais qui, lorsque la véracité des apôtres aura été démontrée par d'autres raisons, ajoutera une grande force à notre argument. C'est que le Nouveau-Testament renferme aussi des prédictions qui ont été pleinement accomplies. Tels sont les discours dans lesquels notre Seigneur annonça qu'il serait trahi, livré aux Gentils, insulté, crucifié, et qu'il sortirait du tombeau le troisième jour:

événemens qui eurent leur entier accomplissement, mais qui dans le temps qu'ils furent prédits, paraissaient impossibles aux uns, et tout-à-fait improbables aux autres. Telle est encore la prédiction qui caractérisait d'une manière si précise l'apostasie momentanée de saint Pierre, circonstance qui vu le zèle, la générosité et l'intrépidité de cet apôtre, était de la plus grande invraisemblance, et que Pierre lui-même, malgré sa vénération pour son maître, ne crut possible qu'après l'événement. J'ajoute que le repentir exemplaire de l'apôtre et sa conduite ultérieure, examinés dans leur rapport avec la trempe énergique de son caractère, fournissent une preuve frappante, que sa foi était également ferme et sincère, et « qu'il savait en qui il avait cru. »

Je ne m'arrêterai point à ces autres prédictions que l'on a supposé désigner, ou l'église de Rome, ou l'imposture de Mahomet, parce qu'il est fort possible que le monde jusqu'ici n'ait pas été témoin de leur accomplissement. Mais il en est une qui ne doit pas être passée sous silence ; c'est celle qui concerne la destruction de Jérusalem. Celle-ci mérite toute notre attention, soit à cause de la manière si prompte et si remarquable dont elle s'accomplit ; soit parce qu'elle se rapportait à un événement que certainement la sagesse humaine n'avait pu prévoir, puisqu'à l'époque où notre Seigneur l'avait émise, les Juifs étaient en paix avec les Romains, et habitués en apparence à leur joug. On trouve une ressemblance si parfaite entre cette prophétie et les calamités qui suivirent, telles qu'elles nous ont été rapportées par Flavius Josèphe qui ayant été lui-même présent au siége de Jérusalem, fut placé dans les circonstances les plus favorables pour connaître la vérité ; on trouve, dis-je, un rapport si frappant entre la prophétie et l'histoire du peuple juif, qu'on n'aurait nullement lieu d'être surpris, de voir l'incrédule soupçonner que l'événement a précédé la prédiction. On ne peut toutefois s'empêcher de remarquer que saint Matthieu, saint Marc et saint Luc, qui ont rapporté cette prophétie, moururent avant la destruction de Jérusalem ; tandis que saint Jean qui a survécu à l'événement, n'en fait aucune mention.

Je vais transcrire d'abord quelques parties de cette prophétie, que je ferai précéder d'une prédiction de Daniel. Je citerai en second lieu quelques passages de Josèphe, auxquels je joindrai une réflexion de Tacite, sur les événemens par lesquels ces prédictions paraissent évidemment avoir été accomplies.

« Après soixante-deux semaines, dit
» Daniel, le Christ sera mis à mort. Après
» cela le peuple d'un prince qui viendra,
» détruira la ville et le sanctuaire, et sa
» fin arrivera comme une inondation; et les
» désolations dureront jusqu'à la fin de la
» guerre (1).

» Voyez-vous ce vaste édifice, » dit notre

---

(1) Daniel IX. 26.

Sauveur, en parlant du temple de Jéru-
» salem, » il n'y restera pierre sur pierre qui
» ne soit démoli (1). Il viendra un temps
» malheureux pour toi, ô Jérusalem ! où
» tes ennemis t'environneront de tran-
» chées, et te serreront de toutes parts, et
» ils te détruiront entièrement, et ils ne te
» laisseront pierre sur pierre (2). Il y aura
» en divers lieux de grands tremblemens de
» terre, des famines et des pestes, et dans
» le ciel il paraîtra des choses épouvanta-
» bles et de grands signes. — Il y aura une
» grande affliction, telle qu'il n'y en a ja-
» mais eu depuis le commencement du
» monde jusqu'à ce temps (3). — Ils tom-
» beront sous le tranchant de l'épée ; et on
» les mènera en esclavage parmi toutes
» les nations ; et Jérusalem sera foulée aux
» pieds par les gentils. Cette génération

---

(1) Matth. XXIV. 2.
(2) Luc. XIX. 43. 44.
(3) Luc. XXI. 11.

» ne passera point que toutes ces choses
» ne soient accomplies (1).

Que le lecteur compare cette prophétie avec les fragmens historiques suivans. L'article cinq est de Tacite, le reste est de Josèphe.

1°. « Tite donna ordre à ses soldats de
» démolir jusqu'aux fondemens tant de la
» ville que du temple.

2°. » L'armée de Vespasien cerna la
» ville de toutes parts par une muraille
» de trente-neuf stades, flanquée de
» quarante tours fortifiées de tous les cô-
» tés, de telle sorte qu'il était impossible
» aux juifs qui étaient dans la ville de s'é-
» chapper.

3°. » Tite ayant ordonné à ses soldats
» de raser la ville, cet ordre fut si ponc-
» tuellement exécuté, que toute son en-
» ceinte fut nivelée, à l'exception de trois
» tours, et que ceux qui venaient la visi-
» ter étaient convaincus que jamais elle
» ne serait rebâtie.

_____

(1) Luc XXI. 24.

4°. » Du temps de Claude et de Néron,
» peu d'années avant la destruction de
» Jérusalem, il y eut en Judée une horrible
» tempête, et un vent véhément, accom-
» pagné de pluie, d'éclairs et de ton-
» nerres formidables, et le bruit effrayant
» d'un tremblement de terre. »

5°. » Il y avait eu plusieurs prodiges....
» On vit dans l'air des armées qui s'entre-
» choquaient, des armes étincelantes. Il
» y eut un embrasement subit de nuages,
» qui couvrit de feux tout le temple. Les
» portes de ce temple s'ouvrirent tout-à-
» coup d'elles-mêmes; on entendit une
» voix surnaturelle qui criait : « les dieux
» s'en vont, » et en même temps tout le
» bruit d'un départ (1).

6° » On vit la grande porte du temple,
» que vingt hommes pouvaient à peine
» fermer, et qui était assujétie par des
» barres et par des verroux, s'ouvrir de
» son propre mouvement. Une épée parut

---

(1) Taciti historiarum Lib. V. c. 13. Traduction de Dureau de Lamalle, tom. V. pag. 367.

» suspendue sur la ville ; l'on aperçut une
» comète fixée au-dessus d'elle, pendant
» une année entière. Avant le coucher
» du soleil, paraissaient des armées ran-
» gées en bataille, et des chariots qui
» parcouraient la contrée et cernaient la
» ville. Chose si extraordinaire qu'elle
» passerait pour une fable s'il n'y avait
» pas encore des hommes vivans qui peu-
» vent l'attester.

7°. » Il n'y eut jamais de nation plus
» criminelle, ni de ville qui ait souffert ce
» que cette ville a souffert. Toutes les
» misères que le genre humain avait en-
» durées depuis le commencement du
» monde n'étaient pas comparables à
» celles qui fondirent alors sur la nation
» juive. Le nombre des prisonniers fut
» de quatre-vingt-dix-sept mille. Titus en
» envoya plusieurs en Égypte ; et il dis-
» persa la plupart d'entre eux dans les
» provinces romaines. »

Dans l'enceinte de Jérusalem, il périt, durant le siège, par la famine, par la maladie et par l'épée, six cent mille âmes, suivant Suétone, onze cent mille, suivant Josèphe et Jornandès. Et peu de temps après, il s'éleva une persécution générale contre les juifs, dans toute l'étendue de l'empire romain. Toutes ces choses arrivèrent moins de quarante ans après la mort de notre Sauveur. Ainsi donc la génération qui était sur la terre, quand il énonça cette mémorable prophétie, n'était pas encore passée quand elle s'accomplit jusque dans ses moindres détails.

Cette étonnante révolution a eu des suites non moins extraordinaires. Depuis l'époque dont nous parlons les juifs ont été dispersés parmi toutes les nations sans former chez aucune un état régulier ; ils ont été généralement méprisés par tout où ils ont pénétré. Ils ont vécu sans roi, sans chef et sans sacrifices ; cependant ils n'ont ni perdu leur religion ni été incorporés avec les nations étrangères au milieu desquelles ils ont erré ; mais ils forment encore aujourd'hui un peuple distinct. Est-il sur la terre aucune autre nation qui ait éprouvé un sort semblable? La destinée de ce peuple pouvait-elle donc avoir été prévue ou prédite autrement que par des moyens surnaturels? Néanmoins elle l'avait été par Jérémie, par Ézéchiel, par Osée et par Moïse, et il est certain que toute l'histoire du peuple juif, avant et depuis sa dispersion par Tite, porte avec soi la preuve irréfragable de la vérité, tant de l'Ancien que du Nouveau Testament. On peut consulter sur ce sujet, les remarques d'Adisson, dans le quatre cent quatre-vingt-quinzième numéro du *Spectateur* [E]. Mais en voilà assez sur l'article des prophéties. Examinons maintenant l'argument qui se tire de l'excellence et du caractère particulier de la doctrine chrétienne.

SECTION TROISIÈME.

Continuation du même sujet.

La foi des premiers disciples fut l'effet non d'une aveugle crédulité, mais d'une conviction fondée.

La partie historique du Nouveau Testament a été écrite par des hommes, qui furent les témoins oculaires de la plupart des faits qu'ils rapportent, et qui s'assurèrent des autres, par le récit authentique de témoins oculaires. Or, de deux choses l'une, ou ces hommes n'ont pas cru ce qu'ils ont écrit, ou ils y ont ajouté foi.

Si les historiens sacrés n'ont pas cru ce qu'ils ont écrit, ils ne furent que des imposteurs, qui cherchèrent à en imposer au genre humain. Or, des hommes ne forment jamais un plan de cette nature que dans la vue d'atteindre quelque but, c'est-à-dire, d'obtenir quelque avantage réel ou imaginaire. On ne conçoit pas en effet qu'un être raisonnable se donne la peine, dans une circonstance aussi difficile, et surtout aussi dangereuse que celle qui nous occupe, de forger une imposture, et de la soutenir pendant toute sa vie, dans le but de s'attirer de mauvais traitemens. Il n'est pas moins inconcevable qu'il agisse ainsi par hasard, sans aucune intention et sans la moindre utilité. Quand Psalmanazar [F] imagina son histoire fabuleuse de l'île Formose, pensons-nous qu'il n'avait conçu aucun dessein, ou qu'il agissait dans le but de nuire à ses intérêts? N'est-il pas plus vraisemblable qu'il espérait par-là faire sa fortune? Mais quel motif pouvait porter les apôtres à tromper le genre humain? Quelle fortune espéraient-ils faire? Quel avantage réel ou imaginaire pouvaient-ils avoir en vue s'ils étaient intérieurement persuadés de la fausseté de ce qu'ils affirmaient?

Il est certain que depuis que leur maître les avait quittés, ils ne pouvaient plus s'attendre à avancer leurs intérêts temporels, en s'attachant à sa cause; au contraire, ils avaient été prévenus dès le commencement, du sort qui leur était réservé, et depuis la mort de leur maître, ils connurent et purent se convaincre par eux-mêmes que la persécution et le martyre seraient leur partage dans ce monde ; et comme les enseignemens de la religion judaïque leur avaient appris que Dieu est juste et saint, la conscience de leur imposture ne leur laissait aucun sujet d'espérance pour l'avenir. Telle dut être la situation de leur esprit, soit qu'avec les Pharisiens ils admissent une vie future, soit qu'avec les Sadducéens ils rejetassent ce dogme. Assurément la perspective certaine de la persécution, sans aucun espoir de récompense dans l'avenir, ou même avec la crainte du châtiment, ne sera jamais un motif suffisant pour porter les hommes à tromper. Un gain présent peut tenter l'avare ; un pouvoir présent l'ambitieux ; un plaisir présent l'homme sensuel ; l'espérance trompeuse d'un plaisir ou d'un pouvoir futur, peut entraîner aussi l'enthousiaste. Mais quand il n'existe aucune tentation de cette espèce (et il est bien certain que par rapport aux apôtres il n'en existait et n'en pouvait exister aucune), que trouvera-t-on dans la nature de l'homme ou dans son imagination, qui puisse le porter à courir au-devant d'une vie de peines et de pauvreté, de persécution et de mépris, et cela pour appuyer un mensonge? Non jamais il ne se trama sur la terre aucune imposture dont les auteurs n'aspirassent à l'acquisition d'avantages temporels, de plaisir, d'opulence ou de pouvoir. Et quels autres motifs concevrait-on, en effet, qui pussent déterminer un être doué de raison à jouer le rôle d'imposteur? au lieu qu'avec de telles amorces devant les yeux, il n'est malheureusement pas douteux que certains hommes ne soient parvenus trop souvent à s'endurcir, au moins pour un temps, contre les terreurs d'une autre vie [G].

Dira-t-on qu'en tramant une imposture, les apôtres n'avaient en vue autre chose distinguer par une réputation de vertu qu'on sait assez ne pouvoir s'allier à la mauvaise foi et au mensonge.

Toutes les fois qu'on se détermine à tramer une imposture, on ne le fait qu'avec certaines chances de succès, parce qu'on sait qu'il est toujours dangereux et souvent funeste d'être démasqué. Le jongleur n'ignore pas que ses spectateurs sont crédules, et plus portés à admirer qu'à examiner; il sait que dans le nombre, quelques-uns s'entendent avec lui, et que la plupart sont disposés à le défendre contre ceux qui, par leur impertinente curiosité ou leur défaut de crédulité, tenteraient de troubler ses exercices. Psalmanazar ne courait aucun risque d'être contredit, son île étant peu connue et à une grande distance. Il imagina un conte qui présentait toutes les apparences de la vérité; et afin de lui donner toute la vraisemblance possible, il usa d'un stratagème dont il savait bien que personne ne le soupçonnerait, parce que personne avant que de se distinguer et d'acquérir de la gloire? Certes, ce n'a pu être leur intention. Toute leur doctrine tend à élever l'esprit au-dessus du monde matériel, et à le rendre supérieur à toute espèce de considération mondaine. L'amour de la gloire n'est point une passion universelle, comme le suppose le docteur Young. Ceux qui ont conversé avec des hommes de différentes classes et de différens caractères, ont dû s'assurer que la majeure partie du genre humain ne se fait aucune idée de la passion de la gloire. L'amour de la renommée n'est dans aucun cœur assez puissant pour que, dans le but de s'illustrer, on s'expose volontairement à affronter la mort ou à s'avilir. Observons en outre que les apôtres étaient des hommes de basse condition, d'une éducation grossière, exerçant des emplois obscurs, et la plupart avancés en âge. Or, on n'a jamais observé, chez de tels hommes, un ardent amour pour la gloire; bien qu'on ait vu souvent dominer chez eux le désir de se lui n'en avait conçu l'idée ; il inventa une langue nouvelle. En effet, bien que certains hommes eussent d'abord élevé quelque doute sur sa narration, il ne fut jamais démenti ; sa fable fut reçue pendant plus d'un demi-siècle, et ce fut volontairement, par son propre aveu, effet d'un repentir sincère, mais tardif, que son secret fut dévoilé.

Supposons maintenant que quelques pêcheurs sans instruction inventent un nouveau système de croyance qui diffère de toutes les religions établies : supposons qu'ils réunissent tous leurs efforts, pour imposer au genre humain cette doctrine, en opposition avec les intérêts temporels de leurs supérieurs immédiats, en opposition avec tous les préjugés existans, en opposition avec les passions, avec le pouvoir, avec la science, avec la philosophie et l'éloquence d'un siècle éclairé et observateur : quelle chance auront ces prédicateurs obscurs de voir réussir leur imposture ? Quelle espérance de succès pourront-ils nourrir? Aucune, la chose est de toute impossibilité. En conséquence les apôtres ont dû certainement être instruits que la religion qu'ils enseignaient avait une origine divine, et qu'elle serait soutenue comme l'événement l'a pleinement justifié, par des moyens surnaturels. Il n'est en effet aucune autre supposition qui puisse rendre raison des succès extraordinaires de leur ministère.

Une disposition à surprendre et à tromper, est une passion criminelle qui ne se montre jamais seule et sans compagne dans le cœur de l'homme. D'autres penchans déréglés ne manquent jamais de se joindre à elle, car, où l'amour de la vérité ne se rencontre point, la vertu ne peut exister. Mais les apôtres, depuis leur conversion, furent des modèles de toutes les vertus, d'humilité, de patience, de bienveillance, de piété. Ils firent paraître dans leur conduite la plus grande douceur et la plus grande simplicité de mœurs;

vertus qui ne se rencontrent point, et ne peuvent se rencontrer dans le caractère d'un imposteur. Le mensonge imprime à l'homme une marque d'infamie : ce qui n'arriverait point si l'on ne savait, par une constante expérience, qu'il n'y a rien de bon à attendre de celui qui s'est une fois livré à cette pernicieuse coutume. J'ajouterai que les vertus dont nous venons de parler, et dont tous les apôtres, sans exception, furent des exemples vivans, provinrent sans doute, non pas tant de leurs dispositions naturelles, car les apôtres, sous plusieurs rapports, étaient de caractères différens, que de cette grâce et de cette vérité divine dont ils furent également et uniformément éclairés.

Les premiers prédicateurs de l'Évangile enseignèrent aux hommes à réprimer tout désir déréglé de plaisir, de richesses et de pouvoir, et à bannir de leur cœur tout penchant à l'orgueil, à la vanité et à la fausse gloire. Mais s'ils furent eux-mêmes dominés par des désirs et des penchans de la même nature, leurs actions et leurs discours doivent avoir formé un contraste frappant. Or il est de fait que jamais deux objets n'ont pu présenter une harmonie plus parfaite, que la doctrine et la conduite des apôtres. Ils ont enseigné ce qu'ils ont eux-mêmes pratiqué, et ils ont pratiqué ce qu'ils ont enseigné; et pendant leur vie et à l'heure de leur mort, leur conduite ne se démentit jamais.

Les apôtres ne pouvaient nullement espérer, par la nature de leurs enseignemens, d'acquérir de la popularité, ni chez les classes élevées de la société, ni chez le peuple : car ils ne flattaient aucun des vices de l'humanité, mais les proscrivaient tous, sans exception. Chez le vulgaire, les préjugés, l'ignorance, le défaut de jugement et la grossièreté des manières ne leur offraient pas une légère opposition, et ils ne devaient s'attendre de la part des gens instruits de leur propre nation ou des pays étrangers, à aucune espèce d'indulgence; parce que la religion qu'ils introduisaient était, sur plusieurs points, directement opposée à l'esprit de la philosophie païenne, aussi bien qu'aux enseignemens et au caractère des sectes juives. Pour ce qui est des empereurs romains, qu'on pouvait regarder à cette époque comme les souverains du monde entier, il est bien certain que des hommes qui rejetaient leur déification, et qui refusaient de leur rendre les honneurs divins, ne pouvaient qu'être persécutés par eux. Ces orgueilleux potentats connaissaient trop bien en effet la valeur d'une telle prérogative, pour s'en laisser dépouiller impunément. Ils n'en furent pas moins dépouillés dans la suite (non toutefois sans en tirer vengeance), par l'effet des prédications d'un petit nombre d'hommes illétrés de la Judée.

Bien que les apôtres n'aient pas, comme certains enthousiastes, provoqué la persécution, mais qu'ils aient déployé dans toutes les occasions convenables une sage prudence, on ne peut pas dire cependant que leur intérêt particulier ait, dans aucune circonstance, déterminé leur conduite ; au contraire, leur histoire et leurs écrits démontrent évidemment que, depuis le commencement de leur ministère, leur unique occupation fut d'avancer la gloire de Dieu, de rendre les hommes également supérieurs aux adversités et aux prospérités de cette vie, et d'assurer leur bonheur dans celle qui est à venir ; et ils travaillèrent à ce but, non pas en prescrivant, comme les stoïciens, une insensibilité contre nature et au-dessus de nos forces, ou une sévère résolution de se soumettre à ce qu'on ne peut éviter, mais en enseignant que les malheurs qui nous accablent dans cet état d'épreuve, sont tous dispensés par le miséricordieux auteur du genre humain, comme de paternels avertissemens, ou comme des occasions de faire naître et de développer ces vertus, qui nous sont nécessaires pour nous préparer à jouir des récompenses futures.

C'est un point qu'il ne faut pas oublier

non plus, que les apôtres avaient été élevés dans les principes et dans les préjugés des juifs, nation généralement méprisée à cette époque; et si nous admettons le témoignage de leur compatriote Josèphe, aussi corrompue que le fut jamais aucun autre peuple du monde, quelqu'influence que dussent avoir exercé sur elle, Moïse, les prophètes et ses autres moralistes. La vertu des Romains n'était pas alors exemplaire : cependant si nous comparons les mœurs de ce peuple, telles que l'histoire sacrée nous les dépeint occasionellement, combien ne serons-nous pas frappés du contraste qu'elles forment avec celles des juifs !

A la vérité, les Romains étaient adorateurs des faux dieux; mais ils n'étaient nullement dépourvus de cette bienveillance et de cet amour de la justice, qu'on s'attend à rencontrer chez une nation civilisée; les juifs, au contraire, sont rarement représentés sous un autre aspect que sous celui de barbares féroces. Ponce-Pilate proclama l'innocence de notre Seigneur, et manifesta quelque désir de lui sauver la vie. Gallion, proconsul de l'Achaïe, fit preuve de bon sens et de modération, quand Paul fut amené devant lui (1). Claudius, Lysias, Festus et Félix, dans leur conduite vis-à-vis du même apôtre, ne déployèrent pas une sévérité trop rigoureuse; et le centurion, dont il était prisonnier dans son voyage en Italie, lui était très-attaché. Mais les prêtres juifs, les scribes et les anciens s'étaient ligués pour mettre à mort notre Sauveur, sans examen; ils subornèrent des gens qui rendirent un faux témoignage contre lui, et corrompirent un de ses disciples pour le trahir. Et la même assemblée, ou celle qui la remplaça dans les mêmes fonctions, approuva et seconda elle-même le projet de faire mourir saint Paul. En un mot, il paraît que la majeure partie de la nation, ceux qu'on pouvait

---

(1) L'auteur renvoie ici aux Recherches concernant les antiquités de l'église chrétienne, Chap. I.

alors qualifier d'honnêtes gens, parmi les juifs, quand une fois ils avaient adopté quelque mesure, n'hésitaient pas pour la mettre à exécution, d'user de toute espèce de moyens, quelque cruauté, quelqu'injustice ou quelqu'infâmie qu'il y eût à s'en servir. Qu'une nation si complètement démoralisée ait produit dans le même temps douze hommes d'une piété aussi élevée, d'une bienveillance aussi généreuse, et de mœurs aussi pures et aussi austères que Jésus et ses apôtres, c'est là, de l'aveu même de Rousseau, qu'on n'accusera pas sans doute de partialité en faveur des écrivains sacrés, un miracle presque aussi grand qu'aucun de ceux dont l'histoire évangélique fasse mention. Il faut bien qu'il y ait eu quelque chose d'extraordinaire dans la cause qui a pu produire, en de telles circonstances, des caractères si éminemment excellens.

Nous connaissions peu les disciples de notre Sauveur avant qu'ils se fussent dévoués à son service ; mais nous savons qu'ils ne tardèrent pas, après leur conversion, à devenir des docteurs et des modèles de sagesse. Or, comment est-il possible que des gens qui s'engageaient dans une imposture, aient offert à l'univers un semblable résultat? Une habitude invétérée de l'hypocrisie aurait-elle donc le pouvoir d'endurcir en même temps au mensonge et de purifier le cœur? Le siècle où vécurent les apôtres, plus éclairé qu'aucun des précédens, et singulièrement enclin à la discussion et à l'examen, était d'ailleurs l'époque la moins favorable, peut-être, pour faire prévaloir quelque fraude publique. Tout le monde connaît l'exacte surveillance qu'exerçaient les Romains sur toute cette partie du globe où ils avaient établi leur domination; et les sciences des Grecs, auxquelles ils s'appliquaient généralement, avaient pénétré, selon toute apparence, dans les diverses contrées soumises à leur empire [H].

Il importe principalement de remarquer, que jusqu'après la mort de leur maître, les apôtres demeurèrent imbus de l'erreur nationale, que le messie serait un prince puissant selon le monde ; et qu'il rendrait les Juifs dominateurs des autres peuples. En conséquence nous trouvons qu'immédiatement après la crucifixion du Sauveur, les disciples furent extrêmement déconcertés, et qu'ils ne savaient ce qu'ils devaient penser de Jésus. « Nous espérions, » disaient-ils, que ce serait lui qui délivrerait Israël (1). » A cette époque il paraît que la croix était pour eux, aussi bien que pour les autres, un sujet de scandale ; et nous n'aurons pas lieu d'en être surpris, si nous considérons, d'un côté, les espérances qu'ils avaient conçues ; de l'autre, le funeste renversement de ces espérances, causé par un événement auquel ils étaient si peu disposés à ajouter foi, bien que leur maître leur en eût parlé clairement, qu'ils s'étaient flattés ne jamais le voir arriver. Dans cet état de con-

---

(1) *Voyez* le dernier chapitre de saint Luc.

fusion et de trouble, s'ils avaient conservé le plus léger soupçon d'imposture, si même ils n'avaient pas été fermement convaincus que toute fraude était absolument impossible, n'auraient-ils pas pu retourner, sans qu'il y eût rien là que de fort naturel, à leurs anciennes occupations et à leur première croyance? et n'est-il pas probable qu'ils y seraient retournés en effet, en disant: « Cet homme-là n'est point » ce que nous avions pensé? » Et comme, par les raisons énoncées plus haut, rien n'eût flatté plus agréablement les principaux d'entre les Juifs qu'une déclaration pareille venant de tels hommes, ils avaient là un moyen infaillible d'avancer leurs intérêts temporels. Mais leur inébranlable fidélité à leur maître et à sa religion, dans des circonstances si extraordinaires, est une preuve qu'ils avaient la conviction intime de leur intégrité, et qu'ils étaient pleinement persuadés que les connaissances surnaturelles qu'ils reçurent vers cette époque, du maître lui-même, après sa résurrection et à la descente du Saint-Esprit, venaient réellement du ciel.

Le lecteur me saura gré de présenter une seconde considération sur cet argument. Posons en fait, pour un moment, ce qui est complètement absurde, que les apôtres aient pu être trompés durant la vie de leur maître; que ses miracles, dont ils furent témoins, n'aient pas été réels, mais apparens; que la divine sainteté de ses mœurs ait été feinte et non naturelle : supposons que l'excellence de la doctrine de Jésus, l'autorité qui accompagnait tous ses discours, et le respect que commandait sa présence, n'aient été qu'un pur effet de l'éloquence humaine et de l'adresse; sa mort, certainement, si elle eût terminé son existence, n'aurait pas manqué d'ouvrir à la fin les yeux de ses disciples, et de les convaincre que leur maître n'était point cet envoyé céleste pour lequel il s'était donné. Lorsqu'avec une telle persuasion, ils affirment que Jésus est sorti vivant du tombeau, et qu'ils continuent à enseigner ce que lui-même avait enseigné, ils ont nécessairement la conscience de leur imposture. Mais par quel motif persisteraient-ils à soutenir une fable? Par un motif, qui ne peut pas en être un, je veux dire la perspective certaine de la persécution et de la mort, sans que ces maux soient contrebalancés par aucun avantage quelconque. Quelle raison les disciples auraient-ils, en effet, d'imaginer qu'ils seront mieux traités que leur maître? Mais quels motifs pouvaient les déterminer à revenir à la profession de leur judaïsme, et à confesser qu'ils avaient été trompés? les motifs les plus forts qui puissent agir sur le cœur humain. D'abord, cette indignation bien naturelle chez des gens qui avaient tout quitté pour s'attacher à un homme qu'ils savaient maintenant les avoir séduits et entraînés dans un piége dangereux. L'espérance, en second lieu, d'avancer leurs intérêts, en prenant un parti qui, pour les raisons que nous avons énoncées plus haut, ne manquerait pas de causer à leurs chefs la plus vive satisfaction. La conviction enfin d'avoir, comme il convenait à des hommes de bien, rempli un devoir envers eux-mêmes, envers la religion et la patrie. En effet, si nous admettons qu'ils furent doués de la moindre dose d'intelligence ou de discernement ; si même nous leur accordons de n'avoir pas été complètement stupides ou insensés, il n'est qu'une seule supposition qui rende raison de leur conduite, c'est que leur témoignage est vrai. Assurément il faut avoir bien de la crédulité et bien peu de connaissance du cœur humain, pour hésiter à admettre cette conclusion ; à moins qu'on ne se détermine à rejeter tout-à-fait l'histoire du Nouveau Testament. Et si l'on prend ce dernier parti, qu'on explique, si l'on peut, l'existence du christianisme ; mais qu'on ne prétende plus que nous devions ajouter foi à aucune histoire des anciens temps.

Si nous comparons entre eux les quatre Évangiles, non-seulement nous verrons qu'il n'y a aucune probabilité que leurs auteurs se soient concertés dans le but d'en imposer; mais nous acquerrons une pleine certitude qu'il n'y eut jamais entre eux la moindre collusion. Ils ne rapportent pas tous les mêmes choses, ni exactement de la même manière : il n'est aucun de leur livre qui semble avoir été écrit dans le dessein de faire l'apologie d'un autre, ou de lui servir de commentaire. On remarque dans le style de chacun d'eux, certaines particularités qui frappent davantage sans doute dans la langue originale que dans aucune traduction ; mais le même naturel, la même simplicité dominent chez tous. Leur témoignage ne diffère sur aucun point essentiel ; et cependant ces écrivains diffèrent autant qu'on doit l'attendre d'ordinaire de témoins examinés séparément, et qui font un récit fidèle de ce qu'ils ont vu et entendu. Une coïncidence parfaite là où le témoignage se compose d'une foule de particularités, fait naître le soupçon d'un plan concerté à l'avance : quelques légères variations dans des sujets peu importans, entraînent, dans le plus grand nombre de cas, la conviction de l'intégrité des témoins. Si c'est ainsi que nous jugeons de la véracité des hommes; si le sens commun du genre humain garantit de tels jugemens, sans que l'expérience en confirme la justesse, pourquoi aurions-nous d'autres principes pour juger, quand nous jugeons de la véracité des évangélistes?

En rapprochant ces diverses considérations, il n'est aucun homme, pour peu qu'il connaisse le cœur humain, qui, après avoir lu le Nouveau Testament, avec cette humilité et cette docilité qui forment en quelque sorte le fondement de la croyance du chrétien, ne demeure convaincu que ceux qui l'ont écrit n'étaient pas des imposteurs, et qui n'ajoute sincèrement foi à leurs enseignemens. Telle est à coup sûr, comme nous l'avons déjà remarqué, la conclusion que tirera tout homme judicieux de la manière simple et naturelle dont les apôtres racontent leur histoire ; dont ils exposent leur doctrine ; et dont ils publient leurs propres fautes, leurs erreurs et leurs faiblesses [I].

II. Il paraît donc que les apôtres ont cru ce qu'ils ont enseigné, et ce qu'ils ont raconté. Ainsi donc leur foi ne peut provenir que de la faiblesse de leur esprit ou d'une conviction bien fondée.

Leur foi ne provient pas de faiblesse d'esprit. Celles de leurs doctrines qui ne sont pas au-dessus de l'intelligence humaine, paraissent conformes aux principes de la vérité la plus pure et de la plus saine morale. Tout le génie et toute la science du monde païen ; toute la pénétration des Pythagore, des Socrate et des Aristote, ne purent jamais venir à bout de présenter un pareil système des devoirs de la morale, et d'expliquer d'une manière aussi satisfaisante que le fait le Nouveau Testament, les desseins de la Providence et la destinée de l'homme. Il est sûr que comparée à celle-là, toute autre sagesse morale

et religieuse « ne peut se soutenir, et sem-
» ble de la folie(1). » Était-il un homme
faible, ce grand apôtre des Gentils, cet
apôtre qui parle et qui écrit avec autant
d'énergie que d'habileté, et dont la mâle
éloquence fait trembler un proconcul romain? Étaient-ils des esprits faibles, ces
hommes qui proclamaient un système de
croyance que les souverains de la terre,
ceux-là même qui passaient, non pour les
plus cruels, mais pour les plus éclairés et
les plus habiles, crurent de leur intérêt
de renverser et d'anéantir, non par les
armes du raisonnement, qui ne paraissaient
pas leur fournir des moyens assez prompts
ni assez sûrs, mais par le fer et par le feu?
Étaient-ils des esprits faibles, ces hommes
qui, bien qu'exposés à la persécution ;
bien qu'ils eussent à lutter contre la puissance souveraine, contre la politique et
contre la science de l'empire romain;

---

(1) Loses discountenanced, and like folly shows.

bien qu'ils fussent dépourvus d'armes et de secours, introduisirent une nouvelle religion qui subsiste encore aujourd'hui, qui s'étend d'elle-même sur la terre dans une progression toujours croissante, et qui, par la voix calme et tranquille de la raison, réduit chaque jour au silence, ou du moins ne laisse point sans réponse ses plus acharnés et ses plus subtils adversaires? Étaient-ils des esprits faibles, ces hommes qui faisaient connaître Celui qui avait enseigné la sagesse, et qui avait procuré le bonheur de plusieurs millions de leurs semblables; Celui qui, sans violence, avait introduit, dans les mœurs et dans la politique d'une grande partie du monde, les changemens les plus importans et les plus avantageux, changemens qui, selon toute apparence, doivent subsister jusqu'à la fin des siècles? Accusera-t-on enfin de faiblesse, ces hommes auxquels les esprits les plus judicieux et les plus éclairés qui aient jamais paru sur la terre depuis le berceau du christianisme, se sont empressés de rendre hommage; ces hommes que les Bacon et les Grotius, les Newton et les Bayle, les Clarke, les Butler, les Milton, les Addisson, les Leibnitz, les Bonnet, etc., etc. ont hautement vénérés, non-seulement comme des sages, mais comme des hommes inspirés? Il faut donc nécessairement, ou que l'incrédule reconnaisse que les propagateurs du christianisme n'étaient pas des esprits faibles, ou bien il faut qu'il démontre que tous ces illustres personnages que nous venons de citer étaient dépourvus de jugement, ou au moins qu'à lui seul il leur est ici supérieur.

Par suite de notre ignorance de la nature des choses, il est souvent arrivé dans les sciences que des hommes d'un profond savoir ont été conduits à admettre, pour un temps, certaines erreurs, qu'une découverte fortuite ou un examen plus approfondi ont mis les observateurs plus récens en état de rectifier. Mais aucune découverte moderne n'a porté la moindre atteinte aux preuves qui établissent la vérité de notre religion. Cette partie de la philosophie qui s'applique à la preuve de témoignage, n'a produit aucune invention qui, dans l'emploi de nos facultés intellectuelles, corresponde à l'usage qu'on fait en optique des télescopes ou des microscopes, ou aux modifications apportées dans certaines branches de la physique expérimentale par la découverte de l'électricité ou du magnétisme. L'évidence qui naît du témoignage d'autrui ou de notre propre expérience, n'est point soumise aujourd'hui à des lois différentes de celles qu'appliquaient, du temps des apôtres, à l'examen de certains faits extraordinaires, des spectateurs non prévenus qui voulaient se garantir de toute illusion. Dès le commencement du monde, les hommes ont ajouté foi à des témoignages croyables et à leurs sens, et ils en agissent encore de même. Il n'a jamais été démontré qu'aucun des miracles rapportés dans l'Évangile soit impossible au pouvoir de la Divinité;

ou qu'aucun de ses préceptes soit indigne de la sagesse suprême. Chaque découverte nouvelle que nous faisons dans le monde visible, quand elle est bien comprise, agrandit nos idées sur la bonté et sur la magnificence du Créateur; elle doit en conséquence réchauffer cet amour et cette crainte que nous lui devons, et que tout l'ensemble de la révélation nous fait un devoir de cultiver. Et chaque nouveau progrès que nous faisons dans l'art de la critique et dans la connaissance de l'antiquité, quand on l'applique à nos écrits sacrés, y répand la lumière; et par cela même en confirme le récit et en recommande la doctrine. Les progrès de la science qui, à tant d'autres égards, ont servi à réfuter ou à rectifier les opinions des anciens, semblent au contraire confirmer ce que les apôtres ont enseigné touchant la religion de Jésus, en attestant sa durée et sa nature inaltérable.

En accordant donc que l'incrédule de nos jours, aidé des découvertes des siècles modernes, est mieux instruit sur les sciences que ne le furent les premiers chrétiens ; il ne s'ensuit point qu'il soit meilleur juge des preuves fondamentales du christianisme. C'est là un privilége qui n'appartient pas même au philosophe le plus clairvoyant. Il est vrai que sur plusieurs points, nous ne sommes pas aussi crédules qu'on doit l'avoir été dans le temps que la philosophie et l'histoire étaient peu cultivées ; et que nous sommes naturellement plus scrupuleux dans l'examen des diverses sortes d'évidence. Mais pour ce qui concerne les miracles dont les apôtres furent les témoins oculaires, qu'ils ont rapportés dans leurs écrits, dans la croyance desquels ils vécurent et moururent, et, qui plus est, dont leurs ennemis eux-mêmes ne contestèrent point la vérité, il est aussi impossible qu'il s'en soient laissé imposer, que si chacun d'eux eût possédé tout le savoir de Grotius et toute la sagacité de Newton. Car telle était la nature de ces miracles, qu'un spectateur attentif n'avait besoin pour en être juge compétent, ni de science, ni de génie : il ne lui fallait ni d'autre talent ni d'autre habileté qu'un esprit sain, un cœur droit et le bon usage de ses sens (J).

Ils virent des hommes qu'eux et tous les habitans du pays savaient avoir été aveugles dès leur naissance, recouvrer la vue en un instant sans l'application d'aucun instrument ni d'aucun remède. Ils virent la lèpre, la paralysie et d'autres maladies opiniâtres également guéries par une seule parole. Ils virent des morts rappelés à la vie, et sortir même de leur tombeau. Ils virent un homme dont saint Pierre avait tranché l'oreille d'un coup d'épée, incontinent guéri par un simple attouchement. Ils virent l'eau convertie en vin, en présence de plusieurs personnes qui en burent, et qui purent se convaincre que la transformation était réelle. Eux-mêmes firent partie d'une multitude de cinq mille personnes, dont la faim fut apaisée avec quelques pains et quelques poissons, qui se trouvèrent même après le repas en plus grande quantité qu'au commencement. Ils virent leur maître marcher sur la surface de la mer, et ils étaient présens quand à son ordre une tempête fut apaisée.

Ils virent souvent, par l'action subite de cette même parole divine, des êtres humains délivrés de la puissance des démons. Ceux qui admettent la possibilité de la révélation, ne prétendront pas en effet qu'il soit impossible ou improbable que, dans le but de manifester la suprématie de son Fils sur la puissance des ténèbres, aussi bien que sur le monde visible, Dieu ait permis aux esprits infernaux, à cette époque et dans ce pays, de tourmenter le genre humain d'une manière plus sensible. Ou si nous supposons que cette maladie n'était autre chose que la folie ou l'épilepsie (ce que l'ensemble de l'histoire nous permet toutefois difficilement de supposer), la guérison n'en doit pas moins être regardée comme miraculeuse. Guérir d'un seul mot des maladies de cette espèce, et chasser les démons sont en effet des actes qui dépassent également la portée du pouvoir de l'homme, et qui sont également faciles à la puissance du Créateur.

Les apôtres entendirent leur maître prédire plusieurs événemens, en particulier sa crucifixion et sa résurrection, et ils virent ces événemens s'accomplir ainsi que ses autres prophéties. Ils virent Jésus crucifié en public, percé d'une lance et déposé dans le tombeau. Ils furent témoins des prodiges qui accompagnèrent ses dernières souffrances; enfin ils durent observer les ténèbres surnaturelles, ressentir le tremblement de terre dont sans doute ils n'auraient pas parlé non plus que du déchirement du voile du temple s'ils n'avaient pas été bien certains que ces choses étaient en effet arrivées. Trois jours après, conformément à sa prédiction, ils retrouvèrent leur maître vivant; ils conversèrent avec lui, eurent probablement plus d'une occasion de manger et de boire avec lui, et afin de s'assurer que ce n'était pas un fantôme qui leur était apparu, ils touchèrent eux-mêmes son corps, portèrent les mains sur les cicatrices de ses plaies : ils le virent fréquemment durant l'espace de quarante jours, et à la fin, rassemblés autour de lui, ils recevaient sa bénédiction, lorsqu'en plein jour ils le virent s'élever vers le ciel, et le suivirent des yeux jusqu'à ce qu'une nuée l'eût dérobé à leurs regards (1).

Ce sont là tout autant de faits sur lesquels il eut été bien difficile aux apôtres de se méprendre, lors même qu'ils auraient été les plus crédules des hommes. Mais les apôtres ne furent rien moins que crédules ; quelques-uns d'entre eux semblent, au contraire, avoir poussé le doute au-delà de ce qui était raisonnable. Et en effet, si nous ne les jugeons pas totalement dénués du sens commun, qualité que ne

---

(1) *Voyez* le Chap. XI des *Recherches philosophiques*.

sauraient leur refuser tous ceux qui connaissent leur histoire; nous devons supposer qu'ils ne se seraient pas engagés témérairement, ou sans une pleine conviction, dans une cause qui, sous le point de vue temporel, devait, selon toute apparence, leur coûter si cher. Il est vrai que les apôtres furent des hommes peu instruits; mais la sainteté de leur vie, la sagesse de leur doctrine, et les succès de leur ministère, n'en démontrent que plus clairement qu'ils furent inspirés.

L'un d'eux, homme d'un grand savoir et d'une capacité peu commune, juif zélé et inflexible persécuteur des chrétiens, est arrêté tout-à-coup au milieu de sa carrière sanguinaire, dans le temps « qu'il paraissait » intimement convaincu » que la cause qu'il avait embrassée était agréable à Dieu et utile à son pays; dans le temps qu'en demeurant attaché à cette cause, il semblait avoir tout lieu d'espérer de satisfaire son ambition, tandis qu'en l'abandonnant comme il le fit, il courait au-devant de toutes les calamités qui peuvent intimider la nature humaine ; cet homme, dis-je, dans de telles conjonctures, chargé d'une mission publique qu'il avait lui-même sollicitée du grand-prêtre, au moment où il s'avançait à la tête d'une troupe de gens affidés, fut, vers le milieu du jour, renversé en leur présence, par une lumière extraordinaire qui venait du ciel. A la suite de cet événement, cet homme déclarant qu'il avait été averti par une voix surnaturelle, embrasse la foi chrétienne, renonce pour jamais à tout ce qu'on recherche dans le monde, et s'assujétit, de gaieté de cœur, à la pauvreté, à la persécution et à la mort, pour la religion de Jésus.

Quel motif a donc pu le déterminer ? Était-ce le sentiment d'un devoir fondé sur la connaissance et l'amour qu'il avait de la vérité ? Dans ce cas, sa conduite s'explique aisément, et la résignation avec laquelle il endure toute espèce de maux, est l'effet de cette force que puise l'homme de bien dans l'approbation de sa propre conscience, dans l'espoir d'une récompense future, et dans la puissante influence de la grace divine. Quel autre principe, en effet, pourrait donner de sa conduite une raison satisfaisante? Serait-ce la soif de la renommée, la passion du plaisir ou du pouvoir, ou le désir d'accroître sa fortune, qui auraient pu le déterminer? Cet homme, dont le génie naturellement élevé était encore éclairé par la science, devait-il céder à de tels motifs, et consentir à descendre d'une place éminente et honorable, malgré le danger certain, pressant et redoutable auquel cette démarche l'exposait, pour se faire le compagnon d'un petit nombre de pêcheurs pauvres, ignorans, méprisés, persécutés, sur lesquels il ne s'est jamais arrogé la moindre supériorité, et dont le maître, assimilé à un malfaiteur, venait de souffrir une mort ignominieuse, qu'on n'infligeait qu'aux plus infâmes scélérats, et aux hommes de la plus basse condition?

En un mot, Paul fut ou ne fut pas un

imposteur. S'il fut un imposteur, il faut convenri qu'il le fut d'une étrange manière. Au lieu d'aspirer aux richesses, aux honneurs, aux plaisirs ou au pouvoir (car on sait que les imposteurs eurent toujours en vue l'un ou l'autre de ces objets, si ce n'est tous en même temps), il a imprimé à ses desseins et à ses espérances une direction toute contraire. Il a préféré le mépris à l'honneur, les fers à la liberté, le danger à la sûreté; il a mieux aimé être battu de verges, être lapidé, souffrir la faim (1), endurer la nudité et le martyre (car tous ces maux s'offrirent à lui, et il s'y résigna sans murmure), plutôt que de mener une vie paisible et voluptueuse. Enfin, en sa qualité de pharisien rigide, et croyant par conséquent à une vie future, il a préféré la damnation au bonheur d'un monde à venir, sans obtenir dans celui-ci aucune espèce de compensation. Or, pouvait-il ainsi, dans toute

---

(1) Corint. XI. 27. Cor. IV. 11. 12. 13.

la force de l'expression, préférer la misère à la félicité? S'il a pu s'y résoudre, nous devons le classer parmi ces infortunés dont un accident a troublé le cerveau ; mais ses écrits et son histoire nous prouvent qu'il n'était rien moins qu'insensé.

S'il ne fut pas un imposteur, Paul fut nécessairement un homme de bien ; et ceci étant admis, nous devons admettre également ce qu'il rapporte, concernant le mode et les suites de sa conversion ; en d'autres termes, nous devons croire que l'Évangile est vrai. Si Paul fut l'auteur de ces épîtres, qui, depuis l'époque où elles parurent, ont toujours porté son nom ; s'il prêcha cette doctrine que le médecin Luc, son compagnon de voyage, nous dit avoir entendu sortir de sa bouche, et dont il nous a conservé le souvenir, on ne peut le taxer ni de frénésie, ni d'un crédule enthousiasme ; on est forcé de reconnaître en lui un homme d'un entendement sain, d'une vertu exemplaire, et qui avait atteint le plus haut degré de la vraie sagesse ; je

veux dire, de cette sagesse « qui vient d'en
» haut », et qui tend à épurer notre nature et à nous rendre heureux pour le temps et pour l'éternité. Le treizième chapitre de sa première épître aux Corinthiens, suffirait seul pour prouver que saint Paul fut l'un des hommes les meilleurs et les plus sages qui aient jamais existé.

Je dis que Paul, s'il ne fut pas un imposteur, fut nécessairement un homme de bien, et cela étant admis, que l'Évangile est vrai. Si l'on pouvait démontrer, d'une manière certaine, que Paul était naturellement crédule; et qu'avant sa conversion il avait nourri quelque prévention favorable pour la doctrine et le caractère de Jésus; il pourrait paraître possible, quoique sans doute bien improbable, que ses passions et son imagination eussent faussé son jugement et égaré ses sens; et que les circonstances de sa conversion, bien que lui-même crût à leur réalité, n'eussent été qu'une vision. Eh bien! saint Paul fut-il un homme crédule? ou se laissat-il dominer par quelque prévention de cette espèce?

Il était si peu crédule, que tout ce qu'il avait entendu dire des miracles de notre Seigneur, dont sans doute il avait ouï parler, et même à des témoins oculaires, n'avait eu aucune prise sur lui; et que rien ne put vaincre son incrédulité qu'un miracle opéré sur lui-même, et un miracle opéré non dans les ténèbres, dans la solitude ou dans un moment où quelque événement imprévu avait affaibli ou abattu son esprit; mais en plein midi, sur une grande route, au milieu de ses adhérens, dans le voisinage d'une grande ville, et dans le temps même qu'il croyait fermement n'être occupé que de la gloire de Dieu et de l'intérêt de son pays; et il était si éloigné de nourrir la moindre prévention favorable à la cause de Christ, que, jusqu'au miracle qui le convertit, il avait considéré Jésus comme un imposteur et un blasphémateur; et ses disciples comme une troupe de gens qu'il était extrêmement méritoire de persécuter et de détruire.

Dans quelques-unes de ses épîtres adressées aux églises qu'il avait fondées, nous voyons qu'il déclare formellement, comme une chose bien connue des fidèles, qu'il était revêtu du pouvoir de faire des miracles, et que déjà il en avait opéré plusieurs. Or, si ce fait n'eût pas été vrai, l'apôtre aurait-il hasardé une semblable déclaration, en écrivant à un peuple chez lequel il n'ignorait pas qu'il avait des ennemis particuliers, et auquel il reprochait plusieurs déréglemens (1) ? Et si le fait était réel, si effectivement il opérait des miracles, en même temps qu'il prêchait la morale la plus pure et la plus sublime, ne devons-nous pas l'envisager comme étant aidé, d'une façon toute particulière et au plus haut dégré, de l'assistance de

---

(1) Ouvrage de Littleton, traduit en français sous le titre *La Religion chrétienne démontrée par la conversion et l'apostolat de saint Paul*. Paris, 1754, in-12.

cet être qui est le dispensateur de « toute
» grâce excellente et de tout don parfait »?
Ceux qui croient en Dieu, et qui pèseront avec candeur toutes ces circonstances, n'élèveront plus aucun doute sur la
véracité de saint Paul; et si ce qu'il assure
concernant sa propre personne est vrai,
il est de toute impossibilité que l'Évangile
soit faux.

En effet, la conversion de ce grand
homme, sa conduite avant et après qu'il
se fût rangé au nombre des apôtres, fournissent seules une preuve si convaincante
de la vérité de notre religion, que l'unique moyen possible de la renverser, serait
de démontrer que *les actes des apôtres* et
les épîtres qui suivent sont une pure fiction
et une insigne fausseté. Le lecteur trouvera cet argument exposé d'une manière
complète, claire, et j'ose dire incontestable, dans l'ouvrage du lord Littleton,
sur la conversion de saint Paul (1).

---

(1) *Voyez Analogie* de Butler, Part. II. Chap.

Maintenant, pour terminer cette partie du sujet, que ceux qui connaissent l'histoire de notre Sauveur y donnent à peine une légère attention, mais qu'ils nous disent ensuite quel cas l'on doit faire du jugement de ceux qui parlent de l'électricité et du magnétisme comme de principes capables de donner à l'homme qui les saisit la faculté de faire des miracles. Le magnétisme ou l'électricité, ou tout autre principe naturel que l'on pourra citer, donnera-t-il à l'homme qui en aura fait une étude suivie, le pouvoir de se ressusciter lui-même ou de ressusciter les autres ; de guérir d'un seul mot toute espèce de maladies ; de prédire l'avenir ; de rassasier cinq mille personnes avec quelques pains et quelques poissons ; de publier un système de morale plus parfait qu'aucun de ceux qui ont jamais paru dans le monde ;

Voyez aussi sur cette conversion de saint Paul, le Chap. XXIIe des *Recherches philosophiques sur les preuves du christianisme,* par Charles Bonnet.

de communiquer à ses semblables le pouvoir de faire des miracles, et spécialement de parler des langues qu'ils n'ont jamais apprises ? On a dit qu'on pouvait calmer l'agitation de l'eau, en répandant de l'huile à sa surface. Plutarque cite ce phénomène comme un fait bien connu; il l'appuie d'un argument d'Aristote, et d'un autre qui lui est propre (1), et depuis on a avancé que la chose se démontrait par expérience. Mais, quel est celui qui se chargerait de calmer d'un seul mot la mer en courroux ?

Ceux qui ont osé comparer la douceur et la bienveillance, la candeur et la modestie, le pouvoir et la dignité de notre Sauveur, avec la fourberie, la finesse et l'ostentation d'un jongleur (on se révolte à la seule idée de cette comparaison) ; ceux qui ne mettent aucune différence essentielle entre les œuvres puissantes de l'un et les petites supercheries de l'autre, passent les bornes

---

(1) Plut. Nat. Quœst. 12.

de l'argument, et méritent, au moins sur cet article, le reproche d'absurdité. Tout aussi bien pourraient-ils soutenir que le jongleur assez adroit pour faire sauter une carte, ou pour surprendre par un calcul facile, a le pouvoir de commander à la nature et de ressusciter un mort. On se rirait avec raison de la crédulité et de l'ignorance de l'homme assez grossier pour tenir un tel langage. Que dirons-nous donc du philosophe qui ne se montre ni moins ignorant ni moins crédule, dans le jugement qu'il porte des miracles de notre Sauveur?

Enfin, conformément à la prédiction de leur maître, les apôtres furent doués eux-mêmes du pouvoir de faire des miracles semblables à ceux qu'il avait opérés en leur présence. A leur voix ils virent aussi marcher les impotens, les vivans tomber morts subitement, et les morts revenir à la vie. Ils se sentirent tout d'un coup en état de parler une foule de langues qu'ils n'avaient jamais apprises; et ils eurent, durant le cours de leur ministère, des occasions fréquentes de faire usage de ce don. Or, est-il probable, est-il même possible qu'ils se soient mépris sur ce point?

Leur foi fut donc l'effet, non de la faiblesse de leur esprit, mais d'une intime et solide conviction. En conséquence, leur témoignage est vrai.

SECTION QUATRIÈME.

Continuation du même sujet.

L'excellence et le caractère particulier du christianisme, preuve de sa vérité.

Nous avons insinué plus haut que les autres preuves de notre religion tiraient une force nouvelle de l'examen du caractère spécial de l'Évangile, et de la supériorité marquée des instructions qu'il nous donne. En effet, s'il est reconnu que l'Évangile s'est introduit dans le monde, malgré l'opposition des puissances de la terre, et par des moyens supérieurs au pouvoir de l'homme; si sa prééminence est telle, que les préceptes qu'il renferme surpassent les plus grands efforts de la sagesse humaine; enfin si sa pureté, si le but qu'il a en vue le rendent également digne de Dieu, nous devons, je pense, lui assigner une origine divine.

Nous avons déjà présenté plusieurs observations qui se rapportent à cette partie du sujet. Mais, comme dans une recherche de cette nature, où les différentes parties de la preuve sont si intimement liées, il n'est guère possible d'en traiter aucune isolément, sans doute on nous pardonnera quelques répétitions inévitables.

Jamais il ne parut sur la terre aucun personnage d'un caractère aussi extraornaire que le fondateur de notre religion. Nous reconnaissons constamment en lui une douceur, une dignité, une égalité d'âme, une perfection de sagesse et de bonté qui en font un être tout-à-fait supérieur. Mais sa supériorité résidait tout entière dans son âme divine. Il ne posséda aucun de ces avantages extérieurs qui distinguèrent tous les autres législateurs. Il n'exerça aucune influence dans l'état, ne jouit d'aucune richesse, et n'aspira à aucun pouvoir temporel. Il était fils de la femme d'un charpentier, et il s'exerça lui-même dans cet art. Ceux qu'on regardait alors comme ses parens étaient si pauvres, que lors de sa naissance, sa mère ne put se procurer de meilleur logement qu'une étable; lui-même vécut dans un tel état de pauvreté, que souvent il n'avait pas *même un lieu pour reposer sa tête*. La surprise que témoignèrent ses voisins, en l'entendant parler dans la synagogue, nous fait présumer qu'il ne fut distingué d'ailleurs par aucun des avantages de l'éducation. « D'où cet homme, disaient-ils, a-t-» il tiré ces choses dont il nous parle? » Quelle est cette sagesse qui lui a été » donnée? N'est-ce pas là le charpentier, » le fils de Marie? Ses frères et ses sœurs » ne sont-ils pas parmi nous? » Toutefois, nous n'insisterons pas davantage sur ce point, vu qu'il est impossible que Jésus ait puisé dans l'éducation qu'il avait reçue en Judée, ou dans tout autre pays du monde, cette sagesse et ce pouvoir surnaturels, cette sainteté de vie et cette pureté de doctrine qui le distinguèrent si éminemment du reste du genre humain. Il eut pour premiers disciples un petit nombre de pêcheurs, et il s'occupait si peu de leur existence temporelle, que lorsqu'il les envoya prêcher la repentance et guérir les maladies, il leur recommanda de ne prendre avec eux qu'un seul habit, une paire de sandales et un bâton. En un mot, Jésus vécut dans l'état le plus humble et le plus abject, faisant le bien, enseignant la sagesse, et glorifiant Dieu, durant l'espace de plus de trois ans, depuis le commencement de son ministère; après quoi, ainsi qu'il l'avait lui-même prévu et annoncé, il fut crucifié publiquement. Voilà l'homme dont les lois régissent encore aujourd'hui une grande partie du monde; auquel obéissent toutes les nations les plus éclairées : voilà l'homme à qui des millions d'individus de la race humaine sont redevables de leurs vertus et de leur bonheur. Voilà l'homme enfin, que les plus sages et les plus vertueux d'entre les mortels ont révéré comme un être divin, et qu'ils ont glorifié, comme le libérateur et le sauveur des fils d'Adam.

Or, n'y a-t-il dans tout ceci rien d'extraordinaire, rien qui semble exiger quelque chose de plus que l'intervention de la sagesse humaine, quelque chose de plus que le pouvoir de l'homme? Nous avons vu de grands événemens provenir de petites causes : mais en général nous pouvons établir les rapports qui existent entre ces événemens et les causes qui les ont amenés, et asseoir notre jugement sur les mêmes principes qui régissent d'ordinaire les affaires humaines. Mais ici en supposant que Jésus n'ait été qu'un simple homme, et qu'il n'ait fait usage que de moyens purement humains, pour répandre et maintenir sa religion, la cause et l'effet sont hors de toute proportion, et l'influence de l'une sur l'autre est absolument inintelligible.

Cette religion, prêchée d'abord par un petit nombre d'hommes obscurs, ignorans et persécutés, dont la plupart furent mis à mort, uniquement pour l'avoir enseignée, se répandit en peu de temps dans une partie de l'Asie et dans une grande partie de l'Europe, malgré les persécutions sanglantes contre lesquelles elle eut à lutter, depuis Néron jusqu'à Dioclétien. Quand on songe au pouvoir qui fut mis en œuvre pour la détruire, et à celui qui fut nécessaire pour la maintenir, est-il possible de conserver le moindre doute qu'elle ait eu pour elle la vérité, les miracles et la protection du Ciel? Est-il aucune religion qui jamais ait été établie de cette manière? Le mahométisme fut introduit dans le monde par un conquérant, à la tête d'une armée victorieuse, dans un pays où ne brillèrent jamais, à aucune époque, la liberté ni les lumières; et où l'esclavage et l'ignorance sont encore aujourd'hui les compagnons inséparables des sectateurs de Mahomet. La religion judaïque ne fut établie que chez un petit peuple : elle eut pour auteur apparent le plus grand homme de sa nation ; et ne rencontra dans son origine aucun antagoniste remarquable. Toutefois cette religion, pour le dire en passant, eu égard aux nombreuses cérémonies dont elle était surchargée, aurait pu difficilement s'établir, et nous savons pour certain qu'elle ne s'établit point sans le secours des miracles. Les religions païennes étaient une sorte d'institutions politiques adaptées à l'ignorance et à la crédulité de ceux qui les recevaient ; en sorte qu'elles n'avaient aucune opposition à redouter ou à combattre. Et en effet elles ne paraissent pas avoir été jugées assez importantes pour exciter de sérieux débats, et moins encore pour allumer la persécution. Aucun homme ne fut jamais appelé à faire le sacrifice de sa vie en l'honneur de Jupiter, de Neptune ou d'Apollon ; mais que de milliers de chrétiens ont scellé leur témoignage de leur sang !

Un autre trait particulier à notre religion, c'est qu'elle a essuyé plus d'objections qu'aucune autre croyance religieuse ancienne ou moderne. Chacune de ses preuves a été, à plusieurs reprises, examinée, attaquée et défendue. Également ami d'une sage liberté et de la vraie philosophie, le christianisme, partout où il a existé pur et raisonnable, a fixé l'attention des hommes pensans ; et tandis que toutes les subtilités des sophistes ont été mises en œuvre pour tenter d'en ébranler les fondemens, les plus grands philosophes qui aient jamais existé l'ont examiné avec soin, et en ont reconnu la vérité. Quelle conséquence tirer de tout ceci ? C'est que les preuves qui servent de base à notre foi, sont encore aujourd'hui aussi claires et aussi complètes qu'elles l'aient été dans aucun siècle, depuis le temps des apôtres et de leurs successeurs immédiats. On a pu voir des esprits légers, par inattention ou par ignorance; des cœurs corrompus, par aversion pour la pureté de sa morale; des esprits vains, par ostentation ou par le désir de se singulariser, abandonner la religion de Jésus; mais le chrétien qui en a fait une étude sérieuse, et qui connaît les raisons sur lesquelles repose sa croyance, reste convaincu qu'on n'a élevé contre elle aucune difficulté qui soit demeurée sans réponse. Avons-nous jamais ouï parler d'aucune autre autre religion, ou d'aucun autre système de croyance, dont on puisse affirmer la même chose? Je me flatte, et je pense qu'on n'élevera ici aucun doute à ce sujet; oui, je me flatte qu'il existe encore plusieurs milliers de chrétiens instruits et doués d'un jugement sain, qui, s'ils étaient appelés à une épreuve sévère, donneraient leur vie avec joie pour la gloire de Dieu et de leur Rédempteur. Pourrait-on compter pareillement sur le zèle et sur la sincérité d'un incrédule? Est-il aucun disciple de Bolingbroke, de Hume ou de

Voltaire qui voulût souffrir le martyre pour la cause de son maître?

Ces particularités, relatives à la destinée et aux succès du christianisme, semblent montrer qu'il n'aurait pu être si généralement répandu, ni subsister aussi long-temps, s'il n'eût pas été soutenu par des moyens surnaturels (1). Il y a encore dans le christianisme d'autres circonstances particulières qui prouvent qu'il méritait d'être ainsi soutenu, et qu'il n'a pu être le fruit d'une sagesse purement humaine.

L'évidence qui naît de ces particularités a reçu le nom d'*évidence interne*. Selon l'opinion de quelques savans, cette évidence est si frappante qu'elle suffit presque seule pour démontrer la céleste origine de notre religion.

Et en effet, la morale de l'Évangile lui donne d'abord une immense supériorité

---

(1) *Voyez* encore ici le Chap. XXXVIIe des *Recherches philosophiques*.

sur tous les systèmes de croyance qui aient jamais été forgés par les hommes. Si cette morale dirigeait notre conduite et nos principes, rien ne manquerait à notre bonheur. Il n'y aurait plus ni impiété, ni injustice, ni passions déréglées; la concorde et l'amour régneraient en tout lieu ; chaque homme, content de son sort, résigné à la volonté divine, et pleinement convaincu qu'une éternité de bonheur lui est réservée, coulerait dans la tranquillité et dans la joie, des jours dont aucune anxiété, aucun chagrin, pas même la crainte de la mort, ne pourrait troubler le cours. Les meilleurs systèmes de morale, chez les païens, furent très-imparfaits, et ne furent pas toujours exempts d'absurdités. On y exalte des maximes incompatibles avec la nature de l'homme, et l'on y prescrit des règles de conduite qui, bien qu'elles puissent avoir eu leur utilité sous le point de vue politique, ne tendaient point à étendre universellement le règne de la vertu et du bonheur. Toutes les instructions de notre Seigneur ont au contraire pour but final de faire reposer sur la vertu le bonheur du genre humain.

En second lieu, la doctrine du Sauveur offre une particularité qui ne ressemble à rien de tout ce qui est d'invention humaine. « Jamais homme ne parla comme » cet homme. » Un des premiers noms sous lequel fut désigné le nouvel ordre de choses que Jésus venait établir, fut celui de *royaume* ou de règne du ciel. Et ce nom lui convenait à merveille; l'Évangile se trouvant par-là distingué, non-seulement de la religion de Moïse, dont les promesses se rapportaient à la vie présente; mais encore de tout plan de morale humaine, de tout système de lois politiques ou religieuses.

Les vues du moraliste païen ne s'étendaient pas au-delà de ce monde visible; celles du chrétien se portent sur celui qui est à venir. Le premier s'intéressait seulement ou principalement à son propre pays; le second s'intéresse au bonheur de tous les hommes, de toutes les nations, de toutes les conditions; il se met à la portée de tous les esprits. Un petit nombre et seulement un petit nombre des philosophes de l'antiquité, parlent d'un état de rétribution future comme d'une chose désirable et qui n'est pas improbable. La révélation en parle comme d'une chose certaine; et elle nous peint la vie présente comme un état d'épreuve où la vertu et la sainteté sont nécessaires ; non pas seulement pour nous rendre dignes de ce salut auquel, grâce à la miséricorde de Dieu et aux mérites de son fils, les chrétiens sont appelés à aspirer, mais encore afin de nous préparer nous-mêmes, par des actes de piété et de charité, à une récompense que le cœur pur sera seul capable de recevoir et de goûter.

Les devoirs pratiques de la piété, dans tout ce qui concerne le cœur, n'étaient guère l'objet de l'attention du législateur païen. Cicéron les range froidement parmi les vertus sociales, et il n'en dit que quelques mots. Les sacrifices étaient de pures cérémonies. Et ce que les stoïciens enseignaient de la résignation à la volonté du ciel ou aux décrets du destin, était tellement contradictoire avec quelques-unes de leurs autres leçons, qu'il n'en devait résulter que peu d'utilité. Mais la piété fait essentiellement partie de toutes les vertus chrétiennes. L'amour et la crainte de Dieu doivent prévaloir à toute heure, dans le cœur du serviteur de Jésus; et « soit qu'il mange ou qu'il boive ou qu'il » fasse quelqu'autre chose, il doit tout » rapporter à la gloire du Créateur. » Combien tout ceci est différent de la philosophie de la Grèce et de Rome!

En un mot, la morale païenne, même sous son aspect le plus avantageux, c'est-à-dire, telle qu'elle est enseignée par deux ou trois des meilleurs philosophes de l'antiquité, se réduit à peu près à ceci : Rendez-vous utiles à vous-mêmes, à vos amis et à votre pays; faites-vous ainsi estimer pendant votre vie, et honorer après votre mort, et vous pourrez espérer de recevoir une récompense dans une autre vie. Le langage du législateur chrétien est différent. Le monde n'est pas digne de l'ambition d'un être immortel. Ses honneurs et ses plaisirs ont une certaine tendance à dégrader la nature de l'homme et à le rendre incapable de goûter le bonheur futur. Tournez donc vos affections vers « les choses qui sont d'en haut, et non » vers celles qui sont sur la terre. » Que le premier de tous vos devoirs soit d'obtenir la faveur de Dieu ; et par une carrière d'épreuve, que vous commencez aujourd'hui pour ne la terminer qu'avec la vie, préparez-vous à remonter à ce rang d'où vous étiez déchus ; à vous rapprocher de la condition des anges dont le péché vous avait éloignés ; et à recevoir une couronne immortelle de gloire et d'honneur.

Quelles pensées que celles-là ! Trouvons-nous rien de comparable dans Xénophon ou dans Platon, dans Cicéron, dans Sé-

nèque ou dans Épictète ? « D'où cet homme
» a-t-il tiré de telles choses ? Quelle est
» cette sagesse dont il a été doué ? » Assurément les hommes ne la lui ont pas donnée ;
car les hommes ne peuvent donner ce qu'ils
n'ont pas. C'est une idée qui ne s'offrit
jamais à l'esprit d'aucun mortel, jusqu'à
ce qu'elle eût été mise au jour par un
pauvre charpentier de Galilée, et par un
petit nombre de pêcheurs qui l'accompagnaient. Cependant, jamais aucun autre
système de morale ne fut si bien adapté
à la dignité primitive de la nature humaine,
ni à sa dépravation, qu'il n'est pas possible de nier ; aucun autre système n'a un
but aussi marqué d'avancer la gloire de
Dieu et le vrai bonheur du genre humain.
Or, tout ceci s'expliquera-t-il d'après les
principes qui règlent d'ordinaire les affaires humaines ? Nous est-il possible de
croire que des docteurs si saints, si bienveillans et si pieux, si supérieurs au monde
et si complétement détachés de ses charmes trompeurs, n'étaient pas éclairés par

la Divinité? Il serait presque aussi facile de croire que ce monde n'est pas l'ouvrage d'un Dieu. Et imaginerons-nous que de tels hommes, revêtus d'un tel caractère, aient pu consacrer leur vie à publier un mensonge, et que, dans le but de le soutenir, ils aient volontairement affronté la persécution et la mort? Aussi bien, pourrions-nous imaginer qu'un arbre sauvage porte de bons fruits, et qu'on cueille des raisins sur les épines, ou des figues sur les chardons.

Mais les prophètes, dans leurs prédictions, n'avaient-ils pas parlé de Christ et de son Évangile, de son caractère et du but de sa mission? Et si cela est ainsi, comment peut-on dire que ces objets ne s'étaient jamais présentés auparavant à l'esprit d'aucun homme? Il est vrai que les prophètes avaient prédit ces choses; mais quoiqu'ils les aient *prédites*, il n'est pas certain qu'ils les eussent *prévues*. Au contraire, il y a tout lieu de penser que s'ils avaient clairement compris ce qu'ils ont prédit, ils l'auraient exprimé dans un langage plus clair et moins figuré, ou que du moins ils auraient transmis à leurs successeurs des traditions qui, chez un peuple aussi opiniâtrement attaché que l'était le peuple juif à ce genre de documens historiques, auraient pu, dans les âges suivans, servir de clef à ces écrits sacrés. Il suffisait aux prophètes d'être persuadés qu'ils avaient l'autorité de dire ce qu'ils disaient, ou de mettre par écrit ce que l'esprit leur inspirait. — Il paraît que le soin d'expliquer les prophéties au peuple, ou d'en approfondir eux-mêmes le sens, ne faisait nullement partie de leurs fonctions. Et sans doute, il est aussi facile au pouvoir divin d'accorder aux prophètes la faculté de prédire sans prévoir, que de leur accorder en même temps celle de prédire et de prévoir.

Après tout, il faut convenir que cet argument en faveur du christianisme, tiré de l'excellence particulière de sa doctrine, ne paraîtra pas également concluant pour tous les hommes. Ceux-là seulement le verront dans tout son jour, qui sont versés dans la connaissance des saintes lettres, et qui ont acquis une idée distincte de la théologie chrétienne dans toute son étendue. Dans un traité aussi succinct que celui-ci, je ne puis même en offrir un abrégé. Je demande au lecteur la permission de le renvoyer à l'ouvrage de Soame Jenyns, *sur les Preuves internes du christianisme* [K]; ouvrage qui renferme une foule d'observations ingénieuses, bien que toutes ne soient pas à l'abri de la critique, et je terminerai cette partie de mon sujet par une ou deux remarques.

A quelle hauteur ne s'élèvent pas nos sentimens religieux par la contemplation de l'Être-Suprême et de sa Providence, tels qu'ils nous sont révélés dans l'Écriture! Là, nous apprenons que l'homme fut créé à l'image de Dieu, innocent et heureux, et qu'il ne fut pas plutôt tombé dans le péché, que son Créateur, au lieu de l'abandonner aux conséquences naturelle

DE LA RELIGION CHRÉTIENNE. 171

de sa désobéissance, et de livrer ses descendans aux effets de leur corruption héréditaire, a bien voulu commencer une merveilleuse dispensation de grâce, dans le but de racheter de la perdition et de relever tous ceux d'entre les humains qui accepteraient les conditions du salut qui leur est offert et qui en feraient la règle de leur conduite.

Les livres sacrés, qui contiennent l'histoire de cette dispensation, nous apprennent de plus, que Dieu est un esprit immuable et éternel; présent partout et souverainement parfait; qu'il est de notre devoir de le craindre comme un être d'une pureté accomplie et d'une justice inflexible; et de l'aimer comme le père des miséricordes et le Dieu de toute consolation; de nous confier en lui comme dans l'ami, le consolateur, le protecteur tout-puissant de tous ceux qui croient en lui et qui lui obéissent; de nous réjouir en lui comme dans le meilleur des êtres et de l'adorer comme le plus grand. Ils nous apprennent que ce père miséricordieux veut user d'indulgence envers nous, à cause de la fragilité de notre nature, et qu'il efface les péchés de ceux qui se repentent ; et afin de faire briller dans tout son éclat sa bienveillance toute particulière pour la race humaine, nos livres sacrés nous apprennent que Dieu a donné son propre fils pour nous racheter et nous délivrer; et que non-seulement il nous est permis, mais même qu'il nous est commandé d'invoquer le Très-Haut, et de nous adresser à lui, comme à notre père. Ces livres nous enseignent en outre, que les maux qui nous surviennent dans cet état d'épreuve, c'est Dieu lui-même qui nous les dispense, dans la vue d'exercer notre vertu, et de nous préparer ainsi à un état futur de félicité qui n'aura point de fin ; et que ces passagères afflictions sont des gages de son amour paternel ; que si nous les recevons comme telles, et que nous les supportions convenablement, avec une respectueuse résignation, elles produiront en nous « le

» poids éternel d'une gloire infiniment ex-
» cellente. » Si ces espérances et ces sentimens contribuent plus à notre bonheur, et à la régénération de notre nature, qu'aucune autre chose qui soit dans le monde, bien certainement cette religion, à laquelle seule nous sommes redevables de ces sentimens et de ces espérances, doit être envisagée comme le plus grand bienfait qui jamais ait été accordé à la postérité d'Adam.

Et ce ne serait là qu'une invention purement humaine, l'invention de quelques hommes grossiers et ignorans, qui vécurent dans les peines et dans les privations, et qui moururent volontairement pour publier un mensonge? Est-il aucun artifice humain qui ait avec ceci la moindre ressemblance? Cette religion ne porte-t-elle pas en elle-même une preuve aussi évidente qu'elle est l'ouvrage d'un Dieu sage et miséricordieux, que les superstitions païennes démontrent par leur absurdité, qu'elles furent l'ouvrage d'hommes faibles et corrompus.

Il ne dépendait pas du génie de l'homme d'imaginer aucun moyen de concourir avec efficacité au grand dessein d'améliorer notre nature, de la régénérer, de lui donner tout le développement, toute la perfection dont elle est susceptible. C'est là une idée qui ne pouvait nullement s'offrir à des hommes qui n'avaient eu pour guide qu'une sagesse purement humaine; et qui, si elle s'était jamais offerte à leur esprit, leur aurait paru impraticable. Mais notre religion est si parfaitement adaptée à ce grand but si digne de Dieu et si honorable pour l'homme, qu'elle remplit l'esprit humble et refléchi d'étonnement et de respect; et que certainement elle nous ravirait en admiration, si l'habitude ne nous avait pas familiarisés dès l'enfance avec le système évangélique.

Le christianisme propose à notre imitation les exemples les plus sublimes de bienveillance, de pureté et de piété. Il nous montre que toutes nos actions, tous nos desseins et toutes nos pensées, sont pour nous de la dernière importance ; qu'elles ne tendent à rien moins qu'à nous rendre heureux ou malheureux dans le monde à venir : et de cette manière, il agit avec plus d'efficacité sur l'amour de nous-mêmes. En nous enseignant que tous les hommes sont frères, en nous prescrivant d'aimer notre prochain comme nous-mêmes, et en nous faisant regarder comme notre prochain tout homme à qui nous sommes dans le cas de faire du bien, il élève la bienveillance jusqu'à son plus haut degré. En proscrivant la vengeance, la haine, l'orgueil, la vanité, l'envie, la sensualité et l'avarice; et en exigeant de nous de pardonner à nos amis, de prier pour eux, de les bénir, et de faire aux autres tout ce que nous voudrions qu'ils fissent pour nous, il met un frein à toute passion nuisible et turbulente, et ramène toutes les vertus sociales à deux ou trois préceptes; si courts, qu'on ne peut les oublier; si clairs, qu'il est impossible de n'en pas saisir le sens; si raisonnables, qu'aucun esprit juste n'oserait tenter de les combattre; et si bien appropriés à la nature de l'homme et à l'état de société, que toute âme honnête peut facilement et dans toutes les circonstances en faire la règle de sa conduite.

Le christianisme prescrit la plus rigoureuse circonspection sur soi-même, par cette redoutable considération que nous sommes constamment présens aux yeux de Dieu; que nos pensées lui sont connues aussi bien que nos actions; « qu'Il » jugera le monde selon la justice, et qu'Il » rendra à chacun selon ses œuvres. » Il nous fait envisager la conscience comme étant la voix de Dieu même et une loi qu'il a gravée au-dedans de nous; la pureté de cœur, comme la seule chose qui peut nous disposer à goûter les joies d'une récompense future; l'amour du prochain ou la charité, comme une vertu sans laquelle toutes les autres vertus, toutes les autres qualités sont de nulle valeur; et, par les tableaux les plus frappans, il nous fait considérer le vice comme une chose infiniment pernicieuse et détestable, qui ne peut échapper au châtiment. Le christianisme prêche avec plus de force encore, s'il est possible, la pureté du cœur, en enseignant aux hommes cette doctrine merveilleuse, que même les corps des gens de bien, élevés à la fin à un état glorieux, seront réunis à leurs âmes, et rendus immortels comme le corps d'Adam le fut dans le principe; qu'en conséquence durant le cours de cette vie d'épreuve, ils doivent les préserver avec soin de toute souillure; et au lieu de les faire servir à ces plaisirs grossiers qui dégradent notre nature, les employer comme des instrumens pour faire le bien.

En un mot le christianisme, comme l'observe très-bien l'évêque Taylor, « est une
» doctrine dans laquelle il n'y a rien de
» superflu ni de trop rigoureux, et à la-
» quelle il ne manque rien de ce qui peut
» contribuer au bonheur du genre humain
» ou à la gloire de Dieu. Et si, poursuit
» ce judicieux écrivain, la sagesse, la mi-

» séricorde, la justice, la simplicité, la
» sainteté, la pureté, la douceur, le con-
» tentement et la charité, sont les emblê-
» mes et les rayons de la Divinité, cette
» doctrine dans laquelle brillent tous ces
» attributs avec tant d'éclat et tant de
» pureté, procède nécessairement de
» Dieu » (1).

Je termine ce chapitre par le passage suivant, tiré du même auteur. « Si le divin
» Jésus avait paru dans le monde avec un
» pouvoir moins éclatant; s'il avait fourni
» des preuves moins évidentes de sa divine
» mission; toutefois l'excellence de sa
» doctrine le rendrait encore seul digne
» de régir le monde. »

Observation.

A la suite de ces réflexions sur l'excellence de la doctrine évangélique, on relira avec plaisir l'éloge qu'en fait J.-J. Rousseau :

« L'Évangile, ce divin livre, le seul nécessaire

---

(1) Démonstration morale de la vérité du christianisme.

à un chrétien, et le plus utile de tous à quiconque ne le serait pas, n'a besoin que d'être médité pour porter dans l'âme l'amour de son auteur et la volonté d'accomplir ses préceptes. Jamais la vertu n'a parlé un si doux langage ; jamais la plus profonde sagesse ne s'est expliquée avec tant d'énergie et de simplicité. On n'en quitte point la lecture sans se sentir meilleur qu'auparavant.....

» La majesté des Ecritures m'étonne, la sainteté de l'Évangile parle à mon cœur. Voyez les livres des philosophes avec toute leur pompe ; qu'ils sont petits auprès de celui-là ! Se peut-il qu'un livre à la fois si sublime et si simple soit l'ouvrage des hommes ? Se peut-il que celui dont il fait l'histoire ne soit qu'un homme lui-même ? est-ce là le ton d'un enthousiaste ou d'un ambitieux sectaire ? Quelle douceur, quelle pureté dans ses mœurs ! quelle grâce touchante dans ses instructions ! quelle élévation dans ses maximes ! quelle profonde sagesse dans ses discours ! quelle présence d'esprit, quelle finesse et quelle justesse dans ses réponses ! quel empire sur ses passions ! Où est l'homme, où est le sage qui sait agir, souffrir et mourir sans faiblesse et sans ostentation ? Quand Platon peint son juste imaginaire couvert de tout l'opprobre du crime et digne de tous les prix de la vertu, il peint trait pour trait Jésus-Christ : la ressemblance est si frappante, que tous les pères l'ont sentie, et qu'il n'est pas possible de s'y tromper.

» Quels préjugés, quel aveuglement ne faut-il point avoir pour oser comparer le fils de *Sophronisque au fils de Marie;* quelle distance de l'un à l'autre! Socrate mourant sans douleur, sans ignominie, soutint aisément jusqu'au bout son personnage; et si cette facile mort n'eût honoré toute sa vie, on douterait si Socrate avec tout son esprit, fut autre chose qu'un sophiste. Il inventa, dit-on, la morale; d'autres avant lui l'avaient mise en pratique; il ne fit que dire ce qu'ils avaient fait; il ne fit que mettre en leçon leurs exemples. Aristide avait été juste avant que Socrate eût dit ce que c'était que justice; Léonidas était mort pour son pays avant que Socrate eût fait un devoir d'aimer la patrie; Sparte était sobre avant que Socrate eût loué la sobriété; avant qu'il eût loué la vertu, la Grèce abondait en hommes vertueux : mais où Jésus avait-il pris chez les siens cette morale élevée et pure dont lui seul a donné les leçons et l'exemple!.. La mort de Socrate philosophant tranquillement avec ses amis, est la plus douce qu'on puisse désirer; celle de Jésus expirant dans les tourmens, injurié, raillé, maudit de tout un peuple, est la plus horrible qu'on puisse craindre. Socrate prenant la coupe empoisonnée bénit celui qui la lui présente et qui pleure; Jésus au milieu d'un supplice affreux, prie pour ses bourreaux acharnés. Oui, si la vie et la mort de Socrate sont d'un sage, la vie et la mort de Jésus sont d'un Dieu.

» Dirons-nous que l'histoire de l'Évangile est inventée à plaisir? ce n'est pas ainsi qu'on invente; et les faits de Socrate, dont personne ne doute, sont moins attestés que ceux de Jésus-Christ. Au fond c'est reculer la difficulté sans la détruire. Il serait plus inconcevable que plusieurs hommes d'accord eussent fabriqué ce livre, qu'il ne l'est qu'un seul en ait fourni le sujet. Jamais des auteurs juifs n'eussent trouvé ni ce ton ni cette morale; et l'Évangile a des caractères de vérité si frappans, si parfaitement inimitables, que l'inventeur en serait plus étonnant que le héros. »

ÉMILE.

FIN DU CHAPITRE SECOND.

NOTES

DU

CHAPITRE SECOND.

[A] « Un fait *miraculeux* n'en est pas moins un fait sensible, palpable. Il était même dans l'ordre de la sagesse qu'il fût très-sensible, très-palpable. Un pareil fait était donc du ressort des sens : il pouvait donc être l'objet du *témoignage.* »

CHARLES BONNET.

On peut voir cette étrange assertion de Hume « qu'*aucun témoignage humain ne peut dans aucun cas rendre les miracles croyables* » combattue aussi avec succès, dans les Réflexions préliminaires que William Paley a placées à la tête de son Apologie du christianisme. Il examine le principe sur lequel repose cette objection, savoir « qu'*il est contraire à l'expérience qu'un miracle puisse être vrai, mais non qu'un témoignage puisse être faux.* »

Sur quoi il observe qu'un fait est *contraire à l'expérience*, dans le cas seulement où l'on affirmerait que ce fait a eu lieu dans une époque et dans une place où nous-mêmes étant présens, nous n'aurions point aperçu que ce fait aurait eu lieu ; comme si l'on nous disait que dans une telle chambre, à telle heure d'un jour déterminé, un homme mort aurait repris la vie ; tandis que nous-mêmes, placés dans cette même chambre, au même jour et à la même heure, et y donnant toute notre attention, nous n'aurions point aperçu un semblable événement.

Dans un sens moins restreint, ces mots *contraire à l'expérience* signifient, que nous n'avons éprouvé nous-mêmes rien de semblable à ce qu'on nous rapporte, ou que ces choses n'ont pas été *généralement éprouvées* par d'autres personnes.

Mais de ce que certains phénomènes n'ont pas été généralement aperçus, s'ensuit-il qu'ils n'aient pu l'être absolument par personne ? il est une foule de cas où l'expérience démentirait cette assertion. Si l'autorité du christianisme repose en principe sur les miracles, est-il certain, est-il même probable que ces miracles doivent être répétés assez souvent et dans un assez grand nombre de lieux pour devenir les objets d'une expérience générale ? Attendre qu'un miracle se répète, n'est-ce pas attendre précisément ce qui empêcherait qu'il n'en fût un ? n'est-ce pas intervertir sa nature, comme miracle, et détruire entièrement l'usage et le but pour lequel il fut opéré ?

Pour fonder l'objection contre les miracles, il faut supposer, ou que le *cours de la nature est invariable*, ou que les variations doivent être fréquentes et générales. *Le cours de la nature* n'est autre chose que *le produit de l'action d'un être intelligent.* Or, quelle raison aurions-nous de croire que cet être intelligent ne puisse jamais varier son action, ou que s'il y apporte quelques variations, ces variations doivent toujours être fréquentes et générales ? N'avons-nous pas lieu de penser au contraire que dans certaines occasions rares et importantes, il interrompra l'ordre qu'il a fixé, et que par conséquent ces interruptions ne seront soumises qu'à l'expérience d'un petit nombre de personnes ; en sorte que le défaut d'expérience chez la masse du genre humain ne saurait être un sujet d'objection ? Dès-lors il ne nous reste plus qu'à peser la validité du témoignage. Or « si douze hommes dont j'aurais long-temps connu le bon sens et la probité, rapportaient sérieusement et en détail un miracle opéré sous leurs yeux, et de nature à ce qu'ils n'eussent pu être trompés ; si, sur le bruit de cette relation, le gouverneur du pays faisait venir ces hommes en sa présence, et leur donnait le choix, ou de confesser qu'ils publient une imposture, ou d'avoir la tête tranchée; s'ils refusaient unanimement de reconnaître qu'il y eût la moindre fausseté dans leur récit, si l'on répétait la même menace à chacun d'eux séparément, sans qu'elle produisît plus d'effet; si elle était enfin exécutée; si je voyais de mes yeux ces hommes consentir l'un après l'autre à être torturés, étranglés, brûlés, plutôt que de rétracter leur témoignage,» je ne saurais, sans tomber dans un scepticisme complet, refuser d'y ajouter foi.

[B] Voici la manière dont l'auteur de la *Confidence philosophique* explique cette invincible obstination des Juifs à ne pas vouloir reconnaître le Messie. Il observe d'abord que ce que nous connaissons du peuple juif avant l'événement dont il s'agit, son ingratitude, ses murmures, ses révoltes continuelles contre son Dieu qui l'avait comblé de ses bienfaits, rendent moins étonnante sa conduite dans cette occasion.

Il oppose en second lieu les fausses idées que les Juifs s'étaient faites du règne brillant et temporel du Messie, à l'obscurité et à la pauvreté de Jésus, qui n'a *pas même un lieu pour reposer sa tête;* qui ne parle ni de triomphes, ni de conquêtes, ni de rien de ce qui peut flatter la sensualité et la vanité humaine, et qui n'annonce au contraire à ceux qui l'écoutent que des humiliations, des persécutions et des souffrances. « Que l'on considère ainsi, d'un côté, ce qu'attendent les Juifs, et de l'autre, ce qu'ils voient ; et l'on comprendra aisément, quel dut être sur eux l'effet d'un préjugé, sucé pour ainsi dire avec le lait; d'un préjugé adopté par la nation entière; d'un préjugé qui tenait à des idées religieuses; d'un préjugé qui flattait l'amour-propre, qui était appuyé par les passions, et qui les favorisait à son tour.... Chacun sait que lorsqu'on est accoutumé à regarder certaines opinions comme des *vérités incontestables*, tout ce qui choque ces opinions est rejeté, sans autre examen; l'entendement ne voit que ce que le préjugé lui montre; la raison se tait; et dèslors on peut se porter aux actions les plus absurdes, les plus injustes, les plus atroces, sans s'en faire aucun reproche à soi-même. » On sait combien les apôtres eurent de peine à se dépouiller de ce même préjugé, même après que leur maître fut ressuscité. Que l'on juge par là de son influence sur le reste de la nation !

A cette cause d'éloignement des Juifs pour Jésus, s'en joignent d'autres qui les éloignaient de sa doctrine. Les Juifs pensaient que la *Loi* devait durer toujours ; et Jésus leur annonce une loi nouvelle qui doit être celle de tous les peuples... Ils mettaient les traditions au-dessus de la loi ; et Jésus leur reproche, que *par leurs traditions, ils transgressent les commandemens de Dieu.* Ils faisaient des *cérémonies religieuses* l'essence de la religion; et Jésus leur déclare que *Dieu est esprit, et qu'il faut que ceux qui l'adorent, l'adorent en esprit et en vérité; que la miséricorde vaut mieux que le sacrifice*, etc... Les Juifs n'entretenaient aucun commerce avec les étrangers qu'ils regardaient même avec le plus grand mépris; et Jésus leur annonce, que tous les hommes sont les enfans de Dieu... Ils regardaient la vengeance comme permise; et Jésus leur dit *aimez vos ennemis*, etc... Ils ne respiraient que l'amour des biens présens, et Jésus leur déclare que *c'est dans le ciel que se trouve leur véritable trésor.*

Comment devait être écoutée une morale qui combattait si directement leurs opinions et leurs mœurs?... Aussi voit-on que loin de chercher la vérité, ils la fuient et redoutent sa rencontre. Si on leur parle de la sagesse des discours de Jésus, ils répondent sans autre examen, que *rien de bon ne peut sortir de Nazareth*. S'ils sont frappés de quelques-uns de ses miracles, et s'ils ne peuvent les nier, ils les attribuent à *la magie, au pouvoir des démons*. Dès-lors ces miracles, dont on est surpris qu'ils n'aient pas senti la conséquence, deviennent pour eux, absolument inutiles.

La conduite des Juifs à l'égard de Jésus s'explique enfin, par l'ascendant qu'eurent sur le peuple, les docteurs de la loi, les scribes et les pharisiens. On sait comment Jésus, loin de flatter ces chefs de la religion, leur avait reproché en face et publiquement, leur orgueil, leur hypocrisie, leur dureté, leur avarice. De là cette haine implacable qu'ils conçurent contre lui; de là les continuelles embûches qu'ils lui dressèrent; de là les peintures affreuses qu'ils en firent, comme d'un homme hors de sens, d'un magicien, d'un démoniaque, d'un violateur de la loi, d'un séditieux, d'un ennemi de César, qui serait cause que *les Romains détruiraient Jérusalem et la nation juive.* Si Jésus confond leurs calomnies, ils n'en sont que plus acharnés à sa perte. Ce sont eux qui menacent de chasser de la synagogue ceux qui l'écouteront. Ce sont eux qui soulèvent le peuple contre lui. Ce sont eux qui intimident le gouverneur romain; qui étouffent en quelque manière la voix de sa conscience. Ce sont eux qui après avoir obtenu condamnation à la mort de Jésus et voulant entretenir la fermentation qu'ils avaient excitée le suivent jusqu'au calvaire, et l'insultent jusqu'au moment où il rend le dernier soupir.

Telles furent les causes de la conduite des Juifs à l'égard de Jésus. On voit, par là, que l'objection que l'on en tire contre le christianisme, perd toute sa force, lorsqu'elle est attentivement examinée. Je dis plus; cette conduite des Juifs four, nit elle-même une preuve en faveur du christianisme, puisqu'on y voit l'exact accomplissement des anciens oracles. Les prophètes avaient prédit que le Messie serait méconnu par les siens, qu'il serait rejeté, insulté, mis à mort, et que, par cette raison, *Dieu appelerait un peuple, qui n'était pas son peuple*, et que la nation juive serait dispersée par toute la terre.

Et quelle force n'a point en faveur du christianisme, le raisonnement auquel donne lieu la conduite des Juifs à l'égard de Jésus? Le voici ce raisonnement : « Si les apôtres n'ont pas vu opérer à Jésus les miracles qu'ils racontent; s'ils n'ont pas eu la conviction la plus profonde de la réalité de ces miracles; s'ils n'ont pas eu eux-mêmes le pouvoir d'en opérer, comment n'ont-ils pas été effrayés de la fin tragique de leur maître? Comment n'ont-ils point redouté un pareil sort pour eux-mêmes? Comment ont-ils pu présumer, qu'au nom de Jésus insulté, outragé, crucifié par sa nation même, le Juif renoncerait à la loi de Moïse, le philosophe à ses systèmes et le païen à ses idoles? Et en supposant qu'ils eussent formé un projet que tout tendait à éloigner de leur esprit, comment ces hommes du commun peuple, ces péagers, ces pêcheurs, dénués de tout secours humain, insultés eux-mêmes et persécutés, ont-ils pu faire triompher *ce Jésus*, dont *la croix était scandale aux Juifs et folie aux Grecs?*

J'ose le dire, se refuser à la conséquence qui résulte d'un tel raisonnement, en faveur du christianisme, c'est se refuser à l'évidence même.

Voyez aussi *les Preuves de la révélation chrétienne* du D. Chalmers (traduction de M. Vincent, pag. 111 et suivantes), où l'objection contre la vérité des miracles du christianisme, tirée de l'incrédulité générale du peuple juif, est présentée sous un point de vue tout-à-fait philosophique et parfaitement résolue.

[C] L'auteur a commis ici une légère inexactitude d'après les recherches de Dodwel, que J. Cave a adoptées ; Irénée est de cinquante ans plus ancien qu'Origène; mais ceci importe peu à la question, parce que l'intervalle se trouve rempli par d'autres écrivains, tels que Clément d'Alexandrie, Tertullien, etc., qui n'étaient pas moins intéressés à s'assurer de la vérité de l'histoire évangélique. On peut consulter à ce sujet la 1re section du chap. XI du *Tableau des preuves évidentes du christianisme*, par William Paley (traduit en français par M. Levade.) Quant à Polycarpe, il est sûr qu'il avait été instruit par les apôtres, et qu'Irénée avait été son disciple. « Je pourrais indiquer, dit ce dernier, la place où Polycarpe était assis pour enseigner, la manière dont il entrait et dont il sortait, ses habitudes, sa figure, les instructions qu'il donnait au peuple, comment il racontait ses conversations avec saint Jean et avec d'autres qui avaient vu le Seigneur, comment il rappelait leurs discours, et ce qu'il avait entendu de la doctrine et des miracles du Seigneur, et comment il avait reçu de la bouche des témoins oculaires la connaissance de cette parole de vie. »

[D] Nous ne saurions trop recommander ici, à l'attention de ceux de nos lecteurs qui voudraient se faire une juste idée de la sublimité du système évangélique, l'admirable ouvrage du célèbre Reinhard, qui a pour titre : *Essai sur le plan formé par le fondateur de la religion chrétienne pour le bonheur du genre humain*, traduit de l'allemand par J. L. A. Dumas. Cette production, sans contredit l'une des plus remarquables de la fin du siècle dernier, offre le développement le plus complet de l'idée que notre auteur ne fait guère ici qu'indiquer. Reinhard, l'un des plus zélés défenseurs du christianisme en Allemagne, à une époque où des attaques de tout genre étaient dirigées contre l'Evangile, passe en revue tous les philosophes, tous les législateurs de l'antiquité; et après avoir examiné avec autant d'impartialité que d'érudition, ce qu'ils firent ou tentèrent pour le bonheur du genre humain, il démontre jusqu'à l'évidence, que les vues sublimes de l'auteur de notre sainte religion, ne s'étaient jamais offertes avant lui à l'esprit d'aucun mortel. Ce livre est du petit nombre de ceux qu'on ne quitte point sans former le projet de les relire : l'auteur épuise le sujet tout entier; et nous ne croyons pas qu'on puisse élever aucune objection fondée contre une seule de ses assertions.

[E] Cet écrivain célèbre, auquel l'auteur nous renvoie ici, envisage les Juifs sous trois points de vue : sous celui du nombre, qui peut-être est aussi considérable de nos jours qu'il l'était autrefois; sous celui de leur dispersion, qui présente un phénomène unique dans l'histoire; et enfin, sous celui de leur ferme attachement à la loi de Moïse, attachement qui surprendra d'autant plus, si l'on se rappelle leurs fréquentes apostasies, lorsqu'ils vivaient sous leurs rois, dans le pays de Canaan, et à la vue de leur temple. — Après avoir dit un mot des causes naturelles qui peuvent jusqu'à un certain point rendre raison de ce triple phénomène, l'auteur du *Spectateur* ajoute : « Si l'on cherche les raisons que la Providence peut avoir eues à tous ces égards, on trouvera que la multitude innombrable des Juifs, leur dispersion, et leur attachement à leur culte, ont fourni dans tous les siècles et à toutes les nations du monde, les preuves les plus convaincantes de la foi chrétienne, non-seulement en ce que ces trois particularités avaient été prédites de cette nation; mais aussi en ce que les Juifs sont eux-mêmes les dépositaires de ces prédictions et de toutes les autres prophéties qui tendent à les confondre. Leur multitude nous fournit une assez grande nuée de témoins, qui confirment la vérité de l'ancienne alliance. Leur attachement à leur culte met ce témoignage à l'abri de toute attaque. Si la nation juive avait embrassé en masse le christianisme, nous aurions pu croire que toutes les prophéties de l'ancien testament, qui se rapportent à la venue et à l'histoire du Sauveur, avaient été forgées par les chrétiens ; et nous les aurions regardées, ainsi que les prédictions des sybilles, comme ayant été faites après les événemens qu'elles prétendaient nous révéler. »

On peut consulter encore, au sujet des prophéties, le XXXI° Chap. des *Recherches philosophiques sur les preuves du christianisme* par Charles Bonnet ; le Chap. VI *des preuves et de l'autorité de la révélation chrétienne* par Thomas Chalmers ; et *l'Analogie de Butler*, partie II, Chap. VII°. Le VI° Chap. de l'Essai de David Bogue sur la divine autorité du Nouveau Testament, offre aussi des détails intéressans.

[F] Georges Psalmanasar, mort à Londres en 1763, à l'âge de 65 ans, fut un imposteur hardi, qui fit du bruit en Angleterre. Au moyen de ce qu'il avait lu et entendu raconter des divers peuples de l'Inde, il composa un alphabet de caractères bizarres, s'exerça à parler un langage inconnu; et s'étant fait un système tout particulier de mœurs, de religion, de gouvernement, il composa un roman fameux dans le temps, intitulé *Relation de l'île Formose*, qu'il voulut faire passer pour une histoire véritable. Sa fable occupa long-temps les esprits : on en fit plusieurs éditions et des traductions en diverses langues. Psalmanasar, après avoir donné ses dernières années à la retraite et à des études sérieuses, finit par un trait de sincérité. Sur le point de mourir, il laissa un manuscrit pour être publié après sa mort, dans lequel il se rétracta.

Il est juste de dire que cet hommage solennel, quoiqu'un peu tardif, rendu à la vérité dans un moment où l'auteur n'avait plus rien à espérer ou à craindre de la part des hommes, et qui forme un contraste si frappant avec la ferme et inébranlable constance des apôtres, qui forts du témoignage de leur conscience, ne se démentirent et ne se rétractèrent jamais, n'est pas le seul titre qui le recommande à la postérité. Il fut mis au nombre des savans à qui nous devons l'*Histoire universelle*, en 38 vol. *in*-4°.

[G] « Des hommes qui font profession de cœur et d'esprit de croire une vie à venir, et un Dieu vengeur de l'imposture, espéreront-ils aller à la félicité par la route de l'imposture ?

» Des hommes qui, loin d'être assurés que Dieu approuvera leur imposture, ont au contraire des raisons très-fortes de craindre qu'il ne la condamne, s'exposeront-ils aux plus grandes calamités, aux plus grands périls, à la mort, pour défendre et propager cette imposture ? »

CHARLES BONNET.

[H] « S'il est question de choses qui tombent sous les sens, de choses de notoriété publique, de choses qui se passent dans un lieu et dans un temps féconds en contradicteurs; si enfin ces choses combattent des préjugés nationaux, des préjugés politiques et religieux, comment des imposteurs, qui n'auront pas tout-à-fait perdu le sens, pourront-ils se flatter un instant d'accréditer de pareilles choses ? »

(*Recherches philosophiques.*)

Voyez aussi le Chap. VII de l'Essai de David Bogue sur la divine autorité du nouveau testament.

[I] Qu'il nous soit permis d'ajouter ici avec l'écrivain philosophe que nous avons déjà cité: « Non-seulement ces écrivains me paraissent de la plus parfaite ingénuité, et ne dissimulent pas même leurs propres faiblesses; mais ce qui me surprend bien davantage, c'est qu'ils ne dissimulent point non plus certaines circonstances de la vie et des souffrances de leur maître (telles que sa tristesse et ses larmes, ses longues angoisses dans le jardin de Gethsémané) circonstances qui ne tendent point à relever sa gloire aux yeux du monde. S'ils les avaient tues, on ne les aurait assurément pas devinées, et les adversaires de cette doctrine n'auraient pu en tirer aucun avantage. Ils les ont dites, et même assez en détail : je suis donc obligé de convenir qu'ils ne se proposaient dans leurs écrits, que de rendre témoignage à la vérité. »

(*Recherches philosophiques*, page 248.)

[J] « Je vois évidemment, dit le célèbre auteur des *Recherches philosophiques*, qu'il ne faut que des sens pour s'assurer si un certain homme *est vivant*; s'il est tombé *malade*; si la maladie *augmente*; s'il se *meurt*; s'il est *mort*; s'il rend une *odeur cadavéreuse*. Je vois encore qu'il ne faut non plus que des sens, pour s'assurer si cet homme, qui était mort, est *ressuscité*, s'il *marche*, *parle*, etc. Comment pourrais-je mettre en doute, si les sens suffisent pour s'assurer qu'un paralytique marche, qu'un aveugle voit, qu'un mort ressuscite, etc.?

[K] *Examen de l'évidence de la religion chrétienne considérée en elle-même*, traduit en français. Paris, 1777, et réimprimé à Verdun. Nous recommandons encore ici l'ouvrage plus récent et plus approfondi de M. Erskine, avocat, *sur l'évidence intrinsèque du christianisme*, traduit de l'anglais. Paris, 1822, *in-12*.

FIN DES NOTES DU CHAPITRE SECOND.

CHAPITRE III.

Réponse aux objections.

LE défenseur du christianisme n'a point à répondre des opinions particulières de Luther, de Calvin, de Bellarmin, ou de tout autre système susceptible d'être altéré par la faiblesse humaine ; son devoir est de défendre « la vérité telle qu'elle a » été enseignée par Jésus. » Je ne me crois donc nullement obligé de réfuter aucune des objections de ces écrivains qui confondent les altérations du christianisme avec le christianisme lui-même [A]. Ceux qui persécutent ou qui haïssent ; ceux même qui jugent peu charitablement de leurs semblables, se mettent en opposition directe avec les préceptes les plus clairs et sans contredit les plus essentiels de l'Évangile ; et toute église qui encourage la cruauté, l'injustice ou le manque de charité ; toute église qui met à profit la ruse ou la duplicité, sous quelque prétexte et à quelque degré que ce soit, se rend au même degré indigne du nom de chrétienne.

Mais d'où vient que le christianisme est susceptible d'être défiguré ? Dieu n'aurait-il pas fait briller avec plus d'éclat son pouvoir et sa sagesse, en le mettant à l'abri de tout changement et de toute altération ?

Aussi long-temps que les livres sacrés, auxquels toutes les sectes chrétiennes en appellent comme à la règle de leur foi, ne seront pas anéantis, aussi long-temps que la rivalité mutuelle de ces sectes ne permettra pas que ces livres soient sensiblement altérés, il sera véritablement impossible de changer ou de falsifier entièrement le christianisme.

Tout ce qui a été confié à une créature aussi fragile et aussi faillible que l'homme, est par là même sujet à s'altérer. Qu'y a-t-il de plus altérable que la santé, dont il soit plus facile d'abuser que la parole? On ne s'avisera pas de dire toutefois que la bonté et le pouvoir divin auraient brillé en nous avec plus d'éclat, si notre constitution nous eût mis hors d'état d'abuser de notre santé ou de pervertir l'usage de la parole. Dans tout état d'épreuve morale, l'erreur doit être possible, et l'abus peut se rencontrer [B].

Mais, indépendamment du principe général d'altération qui provient de la fragilité de notre nature, d'autres causes d'un genre plus particulier et vraiment extraordinaires, contribuèrent immédiatement après le siècle apostolique, à corrompre la religion chrétienne. La douce influence du christianisme suffisait-elle en effet pour arrêter sur le bord de l'abîme où elle allait se précipiter, la puissance colossale du peuple romain? Pouvait-elle prévenir la confusion, les crimes et la corruption générale des mœurs, qui accompagnent toujours le renversement des empires, et qui se firent si sensiblement remarquer à la chute de celui des Césars? A travers les farouches clameurs des conquérans ambitieux qui se précipitaient du nord, était-il possible que les doux accens de l'Évangile de paix se fissent entendre, ou qu'ils fussent pleinement compris? Alors survint cette longue nuit de ténèbres intellectuelles, qui menaçaient d'éteindre complètement tous les rayons de lumière qui, jusqu'alors, avaient éclairé les fils des hommes. Et du sein de ce chaos d'ignorance, comment faire disparaître le génie malfaisant de la superstition? comment étouffer ces cruels démons de rapine et de cruauté qui ne manquent jamais de s'emparer des esprits grossiers? Certes, il n'y a pas lieu d'être surpris que dans de telles circonstances une religion, qui a pour base la paix, la droite raison et la morale la plus pure, ait été d'abord négligée, puis mal comprise, et enfin grossièrement défigurée; il n'y a pas lieu d'être surpris qu'après avoir été employée à servir des vues purement humaines et souvent à seconder une politique cruelle, elle ait contracté, dans son état de corruption, plusieurs symptômes de barbarie, et qu'elle ait été principalement entachée d'orgueil, de vanité et autres semblables extravagances de l'esprit humain.

En effet, dans l'espace de quelques siècles, le christianisme avait perdu sa beauté et sa vertu, fleur sanctifiante; et semblable à un courant obstrué par des décombres, si le lecteur veut bien me permettre cette figure, il n'offrait plus qu'un spectacle de désolation et de danger, plutôt qu'une image d'utilité et de paix. Mais quoique les eaux en fussent troublées, la source n'en était pas tarie; et lorsque, par l'effet graduel de causes plus ou moins apparentes, les décombres commencèrent enfin à céder et le courant à se frayer un lit, ce fleuve bienfaisant roula de nouveau des eaux abondantes et rapides. Et bien que cette masse vivifiante n'ait pas encore renversé tous les obstacles, qu'elle n'ait

pas été ramenée chez tous les peuples à sa pureté primitive, elle se répandra tôt ou tard d'elle-même, il faut l'espérer, par la grâce de Dieu, dans tous les pays du monde; et à mesure qu'elle prendra de la force, « se purifiera et se clarifiera dans
» son cours, jusqu'à ce qu'enfin le pur
» miroir de ses flots réfléchisse les fleurs
» qui couronnent ses rives, et que son
» onde transparente répète la douce lu-
» mière des cieux. »

Work itself clear, and, as it runs, refine;
Till by degrees the floating mirror shine,
Reflect the flowers that on its border blow,
And heaven's own light in its fair bosom show [C].

Car, pour quitter le langage allégorique, quels que soient les nouveaux bouleversemens qui puissent survenir dans le monde, nous n'avons rien à redouter désormais qui ressemble aux invasions des Goths, ou à cette absence totale de connaissances qui accompagnèrent et suivirent ces invasions [D]. De la manière dont le monde est maintenant constitué, les lumières et les recherches honorables des savans semblent devoir s'y répandre de plus en plus. Et à mesure que celles-ci feront des progrès, l'ignorance et la tyrannie, les vaines subtilités des sophistes et les grossiers écarts de la superstition, qui furent jusqu'ici les ennemis les plus redoutables, et de la foi chrétienne et de la vraie philosophie, perdront leur influence dans la même proportion. Mais revenons à notre sujet.

Nous n'aurions jamais fini, si nous voulions répondre à toutes les difficultés qu'élèvent les incrédules ; et si nous entrions minutieusement dans le détail de leurs objections, nous grossirions tellement ce petit ouvrage qu'il pourrait rebuter ceux auxquels il est plus particulièrement destiné. Je me renfermerai donc dans le cercle de ces difficultés que j'ai principalement entendu faire dans la conversation, et qui me paraissent le plus propres à fixer l'attention et à égarer l'esprit des jeunes gens. Plusieurs de ces objections ont été déjà réfutées.

PREMIÈRE OBJECTION.

Le nombre et les talens des incrédules.

Le nombre des incrédules qui ont paru de nos jours et dans les âges précédens ; l'instruction et les talens de quelques-uns d'entre eux sont, je pense, pour plusieurs, une occasion de chute. Mais observons d'abord qu'il serait facile de citer un nombre bien plus considérable de croyans non moins distingués par leur science, par leur probité et par leur génie, que tous les incrédules qu'on pourrait nommer dans le siècle actuel ou dans aucun autre [E]. N'oublions pas non plus que les fondateurs de notre religion ont prédit qu'on verrait s'élever différentes sortes d'incrédules d'un savoir remarquable ; si donc ces incrédules n'avaient point paru, plusieurs prophéties du Nouveau-Testament n'auraient jamais été accomplies.

Mais laissons ces considérations, et afin de donner à l'objection une réponse plus claire, il convient d'examiner quelles idées on doit se former, tant d'après les déclarations du Sauveur lui-même, que d'après la nature de la chose, du caractère que doivent revêtir ceux qui aspirent à être ses disciples. Car si nous trouvons qu'il y a des incrédules qui n'ont point ce caractère; que les incrédules en général ne l'ont point, leur incrédulité est une preuve de la sagesse et de la prescience de notre maître; et bien loin de nuire à la cause que nous défendons, elle nous fournit au contraire un argument en sa faveur.

1°. La première chose nécessaire pour mettre l'esprit de l'homme en état de recevoir la doctrine évangélique, ou même tout autre doctrine; c'est l'attention. C'est cette disposition que notre Seigneur réclame constamment : « Que celui qui a » des oreilles pour entendre, entende. » Les œuvres puissantes qu'il faisait, les discours admirables qu'il prononçait, la sainteté de sa vie, la douceur de ses manières et l'autorité qui accompagnait ses instructions, toutes ces choses étaient sans doute bien suffisantes pour fixer l'attention de toute la Syrie; et nous apprenons qu'en effet elles fixèrent celle d'un grand nombre de personnes. Et bien que nous ne soyons pas témoins des mêmes miracles, bien que nous n'entendions plus la voix du docteur céleste; ce que nous voyons, ce que nous apprenons, ce que nous lisons concernant sa personne sacrée, suffit toutefois pour commander l'attention de quiconque parmi nous est animé du désir de connaître la vérité et son devoir. L'existence et la longue durée de la religion chrétienne, son caractère particulier et son histoire; le savoir, les talens et les vertus de plusieurs de ceux qui l'ont embrassée, doivent convaincre tout esprit réfléchi, qu'elle renferme en soi quelque chose d'extraordinaire et qu'on ne saurait sans danger s'y montrer indifférent.

2°. En second lieu, si nous voulons connaître la vérité telle qu'elle se montre en Jésus, notre devoir n'est pas seulement d'écouter, mais encore d'examiner. Notre Sauveur enseignait souvent par paraboles. Ceux de ses auditeurs qui avaient été convenablement frappés de ses miracles et de ses instructions les plus simples pouvaient lui demander l'explication de celles qui avaient quelque obscurité; et quand leurs questions étaient dictées par un désir sincère de s'instruire, nous voyons qu'il y faisait une réponse. Ceux qui ne témoignaient aucun désir de s'éclairer et qui ne lui faisaient point de questions, il les laissait libres de demeurer dans l'ignorance. Cette conduite n'était-elle pas raisonnable? Si nous considérons chaque circonstance de la vie de Jésus et chaque point de sa doctrine; sa bienveillance, sa piété, son pouvoir et sa sagesse; objets que les Juifs ne pouvaient ignorer, ne trouvons-nous pas dans cette négligence totale à s'instruire, une preuve, qu'aveuglés par le préjugé ou entraînés par des habitudes dépravées, ils avaient endurci leur cœur à l'amour de Dieu et des hommes, aussi bien qu'à l'amour de la vérité ? Et quelle possibilité que des cœurs ainsi disposés consentent à adopter une religion dont la piété et la bienveillance, ou pour nous servir des termes de l'Écriture, dont l'amour de Dieu et du prochain sont les principes fondamentaux ?

Observons de plus, que jusqu'à ce que notre curiosité, touchant les sujets religieux, soit assez vivement excitée pour nous porter à examiner les Écritures, nous sommes incapables de sentir la force de quelques-uns des argumens les plus décisifs en faveur de leur vérité, de ceux entre autres qui, comme nous l'avons déjà remarqué, se tirent de l'excellence particulière de l'Évangile et des prophéties. C'est pourquoi l'homme qui est disposé à faire de la religion un sujet de raillerie et qui ne veut pas se donner la peine d'examiner à fond le sujet, restera nécessairement dans l'ignorance et dans le doute.

Et y a-t-il rien en cela qui doive nous surprendre ? Supposons qu'un père désire faire étudier la médecine à son fils, et que celui-ci, par insouciance ou par préjugé contre l'art de guérir, refuse de donner son attention, soit à ce que ses maîtres lui enseignent, soit aux livres qu'ils lui prescrivent de lire, pourra-t-il jamais triompher de ses préjugés et se faire un nom comme médecin ?

Le sceptique indolent alléguera-t-il pour excuse « qu'il n'a nul besoin de lire » la Bible; que Voltaire, Hume et Boling-» broke lui ont suffisamment fait connaître » ce qu'est le christianisme ? » Dans ce cas, qu'il me soit permis de faire observer, que chacun des personnages qui viennent d'être cités, aussi bien que tous les autres incrédules dont nous possédons les écrits, peuvent être aisément convaincus, d'après leurs propres ouvrages, d'avoir vécu dans une ignorance grossière du christianisme. Rappelons de plus que ce ne serait pas donner une preuve de jugement ou d'intégrité, que de reconnaître le caractère de Jésus ou celui de toute autre personne dans le portrait qui en serait tracé par son ennemi mortel et déclaré.

Mais, poursuivra-t-il peut-être, j'ai examiné attentivement les symboles et les confessions de foi, qui contiennent, dit-on, la substance de l'Écriture, et ces symboles ne m'ont nullement satisfait. Il y a lieu de croire que je trouverais l'Écriture tout aussi peu satisfaisante : pourquoi donc la lirais-je ? Je réponds, qu'en supposant ces symboles et ces confessions de foi exempts de tout reproche, ce qu'on ne peut pas dire de tous, ces symboles toutefois ne sont que des abrégés ; qu'ils peuvent paraître obscurs et difficiles à comprendre à celui qui n'est pas versé dans la connaissance des saintes lettres (1). Pour revenir d'ailleurs à un exemple déjà cité,

---

(1) Et qui s'est jamais avisé de juger un ouvrage sur la table des matières ?

observons que si un homme avait un grand intérêt à connaître mon caractère, et qu'il eût la faculté d'acquérir cette connaissance en vivant et en conversant avec moi, il s'appliquerait, s'il était intègre et sage, à m'observer moi-même, et ne s'en rapporterait pas aveuglément à ce que mes amis ou mes ennemis pourraient lui dire sur mon compte. Il nous est recommandé de sonder les Écritures, et nous apprenons que c'est en elles-mêmes que nous trouverons la preuve de leur vérité. Si nous ne l'avons pas fait, nous ne savons point ce qu'elles sont ; si nous ne voulons pas le faire, nous ne le saurons jamais.

3°. Une troisième disposition nécessaire pour nous préparer à embrasser la foi chrétienne, c'est un esprit humble, libre de tout préjugé et disposé à écouter et à apprendre. Notre Seigneur nous le déclare souvent : « En vérité je vous dis que qui- » conque ne recevra pas le royaume de » Dieu avec les dispositions d'un petit en- » fant, n'y entrera point : » ce qui signifie évidemment que si nous n'étudions pas la doctrine de l'Évangile avec l'humilité et la docilité d'un jeune enfant, il ne nous est pas possible d'y ajouter foi. Un jeune enfant est de tous les êtres vivans, le plus traitable et le plus docile. Il n'est nullement disposé à contredire les leçons qu'il reçoit d'un tendre père ; il est libre de tout préjugé, et il ne tarde pas à reconnaître sa propre faiblesse et à sentir le besoin qu'il a d'instruction. Et si cela n'est pas vrai de tous les enfans, cela est certainement vrai de plusieurs, et devrait l'être de tous. Lorsqu'avec de telles dispositions les hommes commenceront et pousseront leurs recherches sur le christianisme, ils ne feront aucune objection contre sa doctrine et n'élèveront aucun doute sur son évidence ; mais ils adoreront l'infinie bonté et l'extrême condescendance du Dieu tout-puissant, qui les traite comme ses enfans, et qui leur permet de l'appeler leur père. Or, est-ce trop exiger des chrétiens que de leur demander cette humilité, cette candeur et cette exemption de tout préjugé ? Ce n'est pas vouloir davantage que ce que demande Newton de quiconque veut étudier les sciences naturelles ; ce n'est pas exiger au delà de ce que tout maître exige de ses élèves.

Mais le jeune chrétien est-il condamné, durant le cours de son noviciat, à ne faire aucun usage de sa raison ? N'a-t-il rien de plus à faire qu'à écouter et qu'à croire ? Il lui est recommandé de se servir de sa raison, dans tous les cas où un père prudent engagerait son enfant à en faire usage, c'est-à-dire, dans tous les cas où il est en état de juger : et dans quelque cas que ce puisse être, il doit faire usage de sa raison jusqu'à ne rien admettre qui soit en contradiction avec elle. Mais de même qu'un père est obligé quelquefois, et qu'incontestablement il a le droit, d'exiger de ses enfans une foi implicite, et de leur dire que, jusqu'à ce que leurs facultés soient plus développées, ils ne saisiraient pas les raisons de tel ou tel précepte et les preuves de telle ou telle vérité, de même aussi notre père céleste a un droit incontestable d'exiger de nous une soumission respectueuse aux dispositions de la Providence que nous ne pouvons pas bien comprendre dans cette vie, et un entier acquiescement à des vérités qui, pour le moment, passent notre portée. Tous les jours nous voyons des choses que nous ne pouvons expliquer, et nous croyons ce que nous ne comprenons pas clairement. Ainsi donc, s'il n'y avait rien pour nous d'inintelligible dans la religion, elle formerait un contraste frappant avec les autres ouvrages de la Divinité à nous connus, et ressemblerait plutôt à l'invention d'un homme sage. Toutefois, bien que les mystères du christianisme soient supérieurs à la raison humaine, il n'en est aucun qui lui soit contraire.

Il ne paraîtra nullement contraire à la raison, ni même improbable en aucune manière, qu'il y ait un médiateur entre Dieu et l'homme, si nous considérons que tous les bienfaits que nous recevons de la main du Très-Haut, quoique de purs dons de sa part, nous sont transmis par l'intervention d'agens et d'instrumens divers. Ceux qui ont observé, comme l'ont fait sans doute toutes les personnes qui réfléchissent, que l'accroissement des plantes et des animaux, et toutes les autres opérations de la nature sont lentes et graduelles, ne trouveront point extraordinaire non plus que les dispensations divines à l'égard du genre humain, embrassent un long enchaînement de causes et d'effets, et comprennent une longue suite d'années. Le mystère de l'incarnation n'est-pas pour nous plus inintelligible que l'union de l'âme et du corps. Il n'est sans doute, ni moins possible ni plus contraire à l'équité qu'un être supérieur expie volontairement les fautes d'autres êtres qui sont au-dessous de lui, qu'il l'est parmi nous, qu'un homme acquitte gratuitement la dette de son semblable. C'est une chose aussi aisée à comprendre que la grâce de Dieu se manifeste en supportant, en encourageant et en sanctifiant le vrai croyant, qu'il est facile de saisir toute autre opération de la bonté divine. Le dogme d'une future résurrection des corps est conforme à plusieurs analogies de la nature, et particulièrement à celle que l'apôtre avait en vue, lorsqu'il parle d'une plante nouvelle et vigoureuse, provenant d'un grain de semence jeté en terre et réduit en pourriture [F].

Sans doute celui qui ferait de trop pénibles efforts pour développer ces dogmes et quelques autres mystères de notre religion, courrait risque d'avancer des choses absurdes. Mais si nous prenons les vérités religieuses telles qu'elles sont exposées dans nos saints livres, seule et unique règle infaillible de notre foi, nous trouverons qu'elles ne contiennent rien que ne puisse admettre, sans difficulté, l'esprit le plus profond et le plus éclairé, quand il a fait une étude sérieuse de l'Évangile et de ses preuves.

4°. La dernière qualité requise dont je

parlerai, pour rendre profitable l'étude du Nouveau-Testament, c'est de souhaiter qu'il se trouve vrai. Celui qui n'a pas ce désir, ou ne connaît pas le christianisme; d'où il suit qu'il est incapable de le recevoir; ou bien il est également indifférent à la gloire de Dieu et au bonheur du genre humain; et dans ce cas, il ne peut voir avec plaisir le triomphe de l'Évangile. Tous les hommes, ainsi que je l'ai déjà observé, ont intérêt à ce que la vérité de notre religion soit reconnue; les pécheurs endurcis qui ont résolu de ne point se repentir, sont seuls exceptés; car pour le fidèle repentant, qui déplore la fragilité de sa nature, et qui s'efforce de se régénérer, l'Évangile ne parle que de paix, de pardon et de consolation éternelle.

On a souvent dit, et il est presque passé en proverbe, que nous croyons aisément ce que nous désirons trouver vrai. Mais il est aussi raisonnable de croire ainsi, que de tout autre manière. Je vois un étranger dont l'air et les manières me plaisent;

à l'instant je forme le vœu que les qualités de l'âme correspondent chez lui aux agrémens extérieurs. Je recherche sa société; et après une longue épreuve je découvre qu'il possède, en effet, toutes les qualités que je désirais trouver en lui. Dois-je moins priser cette découverte, parce qu'elle a été précédée, et en partie occasionée par une prévention favorable? Et si, à la première vue, j'eusse conçu contre cet étranger une prévention contraire; si je me fusse constamment éloigné de lui, et que j'eusse refusé de recevoir sur son compte tout autres renseignemens que ceux qui me seraient venus de ses ennemis, n'aurais-je pas persisté dans mon aversion, bien qu'il ne la méritât en aucune manière, et tout injuste qu'elle eût été de ma part? Dans le premier cas, peuvent être classés ceux qui étudient le christianisme, parce qu'ils l'aiment; et l'on peut ranger dans le second, ceux qui persistent dans l'incrédulité, parce qu'ils ont conçu pour l'Évangile, antérieurement à tout examen, de l'aversion ou du mépris.

L'évidence peut entraîner la conviction, de telle sorte que cette conviction naisse nécessairement dans tout esprit raisonnable à qui l'évidence est présentée. Telle est la conviction qui résulte de la preuve mathématique, du témoignage des sens ou de la mémoire distincte. Et il ne peut pas y avoir dans ce genre de conviction plus de mérite ou de démérite, qu'il n'y en a à voir les objets exposés à nos regards, ou à entendre les sons qui frappent nos oreilles. Il n'en est pas de même de la foi chrétienne. Celle-ci s'adresse au cœur et aux affections aussi bien qu'à l'entendement. Notre Seigneur ne prononce pas de bénédiction en faveur de Thomas, parce qu'il s'en est rapporté à ses yeux et à ses mains; mais, « bienheureux, s'écrie-t-il,
» sont ceux qui ont cru sans avoir vu, c'est-
» à-dire, ceux qui, sans être déterminés
» ainsi par l'évidence de leur sens (je
» cite la paraphrase du docteur Clarke), se-
» ront disposés à croire et à embrasser, sur

» un témoignage digne de foi, une doctrine
» qui tend si évidemment à la gloire de Dieu
» et au salut des hommes. » Les doutes de
Thomas, dans cette circonstance extraordinaire, furent dissipés par une évidence irrésistible ; mais il n'eût été nullement conforme au génie d'une religion instituée dans le but d'éprouver la vertu et de purifier la nature d'êtres moraux, que ses preuves en général eussent présenté un tel degré d'évidence, qu'elles eussent forcé l'assentiment ou enchaîné la liberté de l'obéissance. Ces preuves en effet sont si concluantes, que l'ignorance seule ou l'endurcissement du cœur peuvent résister à leur profonde impression ; toutefois leur entier effet n'est senti que par ces âmes qui, douées à la fois de douceur, de docilité et de candeur, nourrissent une certaine prédilection pour cet Évangile qui proclame solennellement « gloire à Dieu
» au plus haut des cieux, paix sur la terre
» et bienveillance envers les hommes. »
Partout où se rencontre une véritable foi

chrétienne ; là donc aussi se trouve une vertu réelle. La foi n'est en effet qu'un composé de plusieurs vertus, de piété, de bienveillance, d'humilité, d'amour de la vérité et de bonté. Il n'est point surprenant dès-lors que l'apôtre ait déclaré que sans la foi il est impossible de plaire à Dieu. »

Mais ne devons-nous pas avoir la charité de penser qu'il est des incrédules qui ont le cœur assez bon pour être favorablement disposés en faveur de la doctrine évangélique, quoiqu'ils aient le malheur de n'être pas satisfaits de ses preuves ? La charité sans doute « qui ne soupçonne pas le mal » doit nous porter à penser que ce cas existe, toutes les fois qu'il est possible. Mais il n'est pas possible que ce soit là le cas de ceux qui travaillent à renverser la foi des autres, et qui sont si éloignés de témoigner le moindre regret, lorsqu'ils viennent de découvrir quelque prétendu vice de raisonnement dans ce qui concerne l'évidence du christianisme, ou qui paraissent si peu considérer la chose comme une découverte fâcheuse ou comme un malheur, qu'au contraire ils s'en réjouissent, et se font gloire de cette pénétration supérieure, à laquelle ils se croient redevables de cet avantage.

Maintenant si, comme j'ai tâché de le démontrer, il paraît, tant par les déclarations de notre Sauveur lui-même que par la nature de l'esprit humain, que ceux-là seuls peuvent ajouter foi au christianisme, qui y donnent toute leur *attention*, qui l'étudient avec *candeur*, avec *humilité* et avec un *désir sincère de le trouver vrai*, est-il surprenant de voir persister dans leur incrédulité, ces hommes qui écrivent et qui déclament contre lui; et qui montrent, par leurs écrits et par leurs discours, non-seulement qu'ils ne l'ont pas compris, mais qu'ils ne l'ont jamais étudié. Pourra-t-il désirer que l'Évangile soit vrai, l'homme qui aura consumé péniblement sa vie à essayer d'en démontrer la fausseté? Peut-on dire qu'il ait lu l'Évangile avec attention, ou qu'il en ait acquis la moindre connaissance, celui qui assure avec certains sophistes que les miracles de notre Seigneur discréditent sa religion, et qu'on ne saurait établir aucune distinction entre ces miracles et les tours d'un jongleur? Croira-t-on qu'ils l'aient étudiée cette religion, avec humilité et candeur, ceux qui s'en moquent, comme Shaftesbury, qui la tournent en ridicule, comme Voltaire, ou qui la traitent avec mépris et avec insolence, comme le froid et insidieux Hume, ou comme l'orgueilleux et présomptueux Bolingbroke? Si la religion se fût accommodée à des esprits et à des cœurs de cette trempe, je leur en aurais abandonné la défense ; car alors elle eût été bien différente de ce qu'elle est. Le mépris que de tels écrivains affectent pour l'Évangile fournit, si je ne me trompe, un argument bien décisif en faveur de sa vérité, aussi bien que de son excellence.

SECONDE OBJECTION.

Moralité des incrédules.

Non-seulement on a mis en avant le nombre et le savoir des incrédules, mais on a aussi allégué leur moralité, qu'on a présentée comme un argument qui démontre que le christianisme n'est nullement nécessaire.

Nous avons peu de chose à dire de leur vertu ; eux-mêmes et leurs admirateurs en ont suffisamment parlé. Mais l'ostentation n'est ni une vertu, ni une preuve de vertu : et peut-être ne les aurait-on pas jugé moins favorablement, si eux-mêmes, sur ce point, s'étaient montrés plus modestes. En effet, certains éloges prodigués dans ces derniers temps à leur moralité et à leur sagesse, sont si follement outrés, qu'ils auraient passé pour dérisoires, pour ne pas dire injurieux, s'ils ne leur avaient été décernés par des hommes complétement dévoués à leur parti.

Ce serait un travail aussi pénible que révoltant, de peser les prétentions des incrédules à l'approbation et à la reconnaissance du genre humain, par une enquête minutieuse sur le caractère privé de chacun d'eux. J'abandonne ce soin à leurs historiens, dont les travaux, si toutefois nous devons nous en rapporter aux *Confessions de quelques-uns* ou aux *Mémoires de Voltaire sur lui-même*, comme à des modèles de ces sortes d'histoires, ne réfléchiront pas beaucoup d'honneur sur l'incrédule et sur sa cause.

Il existe différentes classes d'incrédules. Quelques-uns non-seulement rejettent notre religion, mais encore l'attaquent dans leurs écrits, et semblent avoir pris à tâche de la détruire dans le cœurs de leurs semblables. D'autres se contentent d'en parler dans l'occasion en termes dédaigneux et méprisans. Il est enfin une troisième sorte d'incrédules que l'on rencontre plus rarement parce qu'ils se produisent moins : ils ont le malheur de ne pas croire, mais ils ne cherchent point à ébranler la foi des autres. Ces derniers sont plutôt à plaindre qu'à blâmer; et il ne serait peut-être pas hors de propos de rechercher si leur incrédulité est le résultat d'un sincère examen, ou si elle ne provient pas plutôt du préjugé et d'une négligence volontaire.

L'incrédule le plus prononcé et le plus zélé, ou se croit sûr que nous ne serons point appelés à rendre compte dans une autre économie, de notre conduite dans la vie présente; ou bien il conserve quelque doute sur ce sujet. Or, quand il aurait acquis une certitude absolue que notre existence se termine à la mort, ou, en d'autres termes, que l'Évangile n'est pas véritable (ce dont aucun être humain n'a jamais été, ni ne sera jamais certain), les efforts qu'il ferait pour entraîner les autres hommes dans une opinion qui détruit leur félicité, ne feraient pas toutefois beaucoup d'honneur à la bonté de son cœur. Les incrédules savent bien qu'ils ne peuvent prouver, ni que l'Évangile soit faux, ni qu'un état à venir soit impossible. Ils savent bien aussi que rien ne saurait affliger davantage un véritable chrétien que d'être tourmenté par des doutes sur la vérité de cette religion, fondement de ses plus chères espérances. Mais si les incrédules ne sont pas eux-mêmes bien assurés qu'il n'y a point de vie à venir, et que néanmoins ils s'efforcent d'arracher du cœur de l'homme l'espérance de l'immortalité, leur conduite ne peut plus être imputée seulement à un manque de bienveillance ; mais à l'intention la plus coupable, à la plus noire méchanceté.

Leur langage en effet revient à celui-ci. Il se peut qu'après tout les hommes qui ajoutent foi à nos discours, se trouvent plongés dans l'erreur la plus déplorable sur des choses que nous savons fort bien pouvoir être contredites : néanmoins leur admiration flatte notre vanité, et c'est pour cela que nous nous efforçons de leur faire adopter nos principes, quelque con-

séquence qui puisse en résulter pour eux. Mais quelle est donc cette espèce de vertu ? N'est-ce pas celle de cet insensé dont parle Salomon, qui « lance des tisons en-
» flammés, des dards et des flèches qui
» donnent la mort, et qui s'excuse en
» disant : Ai-je eu d'autres dessein que de
» me divertir ? » (Prov. XXVI. 18. 19).
N'est-ce pas le caractère de ces théoristes légers et vaniteux, qui, dans le but de satisfaire une misérable ambition, se jouent du bonheur du genre humain, comme d'un objet de peu d'importance ?

Mais vous dénaturez complétement l'état de la question, me répondra quelqu'un des adversaires. « J'enseigne aux
» hommes à penser librement, parce que
» je désire affranchir les peuples du joug
» de la superstition, qui est pire que l'ir-
» réligion ou même que l'athéisme ; » et peut-être s'étendra-t-il alors avec complaisance sur le détail de toutes les atrocités dans lesquelles le fanatisme et la superstition n'ont que trop souvent en-

traîné des hommes qui se disaient chrétiens.

Pour décider avec connaissance de cause lequel est le plus dangereux de la superstition ou de l'athéisme, il faudrait entrer dans un examen long et difficile. La première dérive des fausses opinions que les hommes se sont forgées concernant les êtres invisibles ; et comme les diverses sortes d'erreurs sont innombrables, les écarts de la superstition doivent l'être pareillement. Si quelques-unes de ces erreurs sont très-funestes à la société humaine, d'autres le sont beaucoup moins, et plusieurs peut-être ne lui portent aucun préjudice. Mais, pour abréger la discussion, je veux admettre que la superstition, sous quelque forme qu'elle se présente, est une chose infiniment pernicieuse, et que celui qui la ferait disparaître de dessus la terre, aurait bien mérité du genre humain. Mais quel homme est le plus capable d'exécuter une telle entreprise ? Et quels sont les meilleurs moyens de la faire réussir ? la réponse est facile : Jésus est cet homme, et sa religion en est le moyen. S'il n'avait pas plu à la bonté divine de se manifester en lui, nous serions encore païens, c'est-à-dire les plus superstitieux de tous les hommes. Partout où l'Évangile est prêché dans sa pureté, la superstition disparaît, comme les oiseaux de nuit au lever de l'astre du jour. Et aussi long-temps que l'existence d'êtres supérieurs à l'homme sera jugée probable ou possible ; les peuples qui ne seront pas éclairés par la connaissance d'un seul Dieu vivant et vrai, seront toujours, comme l'expérience l'a démontré jusqu'ici, tourmentés par les terreurs de la superstition. En dépouillant le genre humain de toute religion, si la chose était possible, vous pourriez sans doute l'affranchir de la superstition ; tout comme en dressant de jeunes enfans à dérober à la faveur des ténèbres, vous pourriez, avec le temps, triompher des idées qu'on leur inculqua dans leur enfance sur les fantômes nocturnes. Mais avant que de mettre en œuvre l'un ou l'autre de ces expédiens, ne serait-il pas à propos d'examiner si le remède n'est pas pire que le mal, et si le mal ne pourrait pas être plus radicalement guéri, en prêchant la connaissance de la vérité et l'amour de la vertu (G) ? En effet le christianisme n'est en aucune manière responsable de certains maux dont on l'accuse ; il n'a pas plus de rapport avec la superstition, avec l'hypocrisie, avec l'opiniâtre enthousiasme, le cruel fanatisme et tous les autres crimes dont le chargent les incrédules pour justifier le peu de cas qu'ils en font, qu'il n'a de rapport avec le vol, avec la folie, les blasphêmes, l'athéisme et la sorcellerie. Voilà ce que ne peuvent ignorer les incrédules, pour peu qu'ils aient acquis quelque connaissance du sujet. Dans le cas contraire, la modestie leur prescrit de ne pas parler d'une religion, ou d'une personne qu'ils ne connaissent point; la probité, du moins, leur fait une loi de ne pas en dire du mal.

Dans le cours ordinaire des choses, quand un homme a été convaincu d'erreur ou de mensonge, on s'attend à le voir s'excuser auprès de ceux qu'il a offensés ; auprès du public, si le public a eu à se plaindre de lui ; ou auprès des individus, si les individus ont eu seuls à souffrir de son imprudence. Par la même raison, s'il n'a pas fait une excuse en forme, on s'attend du moins à ce qu'il soit à l'avenir plus réservé ; et à ce qu'il n'ajoute pas à l'offense, en répétant les mêmes mensonges qu'on lui a déjà reprochés. Mais s'il ne fait rien de tout cela : au contraire, s'il persévère dans la même conduite injurieuse, et qu'il réitère ses précédentes faussetés avec autant de confiance que si elles n'eussent jamais été démenties, et ne fussent nullement susceptibles de l'être; quel jugement porterons-nous d'un tel homme ? L'exalterons-nous comme un modèle de sagesse et de vertu ? ou plutôt ne le taxerons-nous pas d'un entêtement et d'une mauvaise foi dont rougirait un homme de bien ? Y aura-t-il donc de l'injustice à juger sur ces mêmes principes la conduite des écrivains incrédules ? ou le mérite d'avoir publié des ouvrages contre la religion, les dispense-t-il tellement de toute considération de probité, qu'on doive honorer chez eux, ce qui noterait les autres hommes d'infâmie ?

Il est certain que quelques écrivains incrédules des derniers temps vécurent assez pour voir plusieurs, si ce n'est le plus grand nombre, de leurs erreurs et de leurs sophismes exposés avec candeur et victorieusement réfutés. Or, quelle en fut la conséquence ? reconnurent-ils ces erreurs ? rétractèrent-ils leurs fausses assertions ? redressèrent-ils leurs raisonnemens ou réformèrent-ils leurs principes ? témoignèrent-ils quelque regret d'avoir trahi la vérité, ridiculisé la religion de leur pays ou insulté au sens commun du genre humain ? Point du tout ; ils persistèrent à publier et à répéter sous toutes les formes, ce qu'ils avaient d'abord affirmé avec autant d'assurance que si on ne leur avait jamais rien opposé (H).

Il ne paraît donc pas que nous ayons jusqu'ici de grandes raisons d'exalter la vertu des écrivains incrédules. On peut leur accorder de l'esprit, de la gaîté, de l'éloquence, des manières séduisantes et du savoir; mais il est possible que le joueur de profession et le filou possèdent aussi bien qu'eux, et dans un degré aussi éminent, les mêmes qualités. En effet ces qualités et d'autres semblables sont aussi nécessaires à ces derniers qu'aux premiers; car, en arrêtant l'attention du public sur l'extérieur, elles donnent une plus grande facilité de déguiser des intentions secrètes.

Mais pourquoi vouloir dégrader le caractère de l'incrédule par d'odieuses comparaisons? Ces comparaisons, selon moi, ne sont que justes, et nullement odieuses; je veux bien pourtant ne pas insister sur ce point. Admettant donc que la conduite de l'incrédule est aussi honnête et aussi irréprochable que ses admirateurs voudraient nous le persuader, que pouvons-nous en conclure ? rien, j'imagine, si ce n'est qu'il est attentif à ses intérêts, et l'ami dévoué de sa propre cause. Si j'avais dessein de me fixer dans un autre pays, et que je désirasse m'y concilier la bienveillance du peuple, aurais-je un grand mérite à me conformer aux coutumes, à obéir aux lois et à parler la langue de ce pays ? Or les ennemis du christianisme ne sont-ils pas, à quelques égards, pour ainsi dire étrangers et voyageurs au milieu du monde chrétien ? Il est sûr qu'ils n'ont ni organisé son gouvernement, ni dicté ses lois, ni fixé ses coutumes, ni réglé la manière générale de penser et de parler qui y a prévalu. Tout cela est aussi réellement l'ouvrage des chrétiens, que le langage et les lois de la France sont l'ouvrage du peuple français. Et l'on m'accordera, je pense, que dans l'empire chrétien, les étrangers comparés aux citoyens, ne forment que la minorité, et une bien faible minorité. Que gagnerait donc l'incrédule à se mettre, par ses mœurs et par ses opinions, en opposition manifeste avec le peuple chez lequel il réside ? il acquerrait peu de popularité, et ferait peu de prosélytes : au contraire, en développant et en mettant ainsi au jour ses principes par sa conduite, il dégoûterait plusieurs de ceux auxquels il ambitionne de plaire, et ne tarderait pas à être signalé comme un être dangereux par ces mêmes hommes qui, ne saisissant pas bien ses raisonnemens, le regardent aujourd'hui comme innocent, ou tout au plus comme inconséquent.

L'incrédule pourra, par exemple, se moquer impunément de l'observation du sabbat, ou s'en plaindre, ainsi que je l'ai entendu faire quelquefois, comme d'une interruption fâcheuse pour l'industrie ; mais s'il exigeait ce jour-là de ses gens d'affaires et de ses animaux domestiques leurs travaux accoutumés, il ne retirerait pas un grand profit de cette singularité. Il peut s'exprimer avec une sorte de dédain sur le compte de ceux qui l'ont baptisé ; mais s'il abjurait publiquement sa croyance, ou s'il refusait de faire administrer le baptême à ses enfans, son impiété et son obstination ne lui feraient pas gagner beaucoup dans l'estime publique. Il peut, dans ses ouvrages, injurier les ministres de la parole de Dieu ; il peut les traiter, comme on l'a fait souvent, d'enthousiastes et d'hypocrites ; mais s'il les insultait publiquement par de semblables discours, on le signalerait bientôt comme un homme qui a perdu l'esprit ou comme un perturbateur de l'ordre social. En un mot, l'incrédule peut penser ce qu'il lui plaît ; et chez quelques peuples, il peut imprimer et publier ce qu'il veut ; mais des mesures violentes et des usages directement opposés à ceux de la communauté dans laquelle il vit, ruineraient bientôt tous ses plans. A l'aide d'une humeur agréable, d'un langage persuasif et de certaines insinuations, qui « découvrent et » qui voilent tour-à-tour une partie de ses » intentions secrètes, » il peut s'insinuer par degré dans l'esprit des hommes, et en cas d'événement, se ménager une retraite, en déguisant ses propos sous l'apparence d'une plaisanterie. Mais se démasquer tout d'un coup, déclarer une guerre ouverte au christianisme, taxer de folie ou de fourberie quiconque y ajoute foi, fouler ouvertement aux pieds les lois de son pays dont les institutions de Jésus forment une portion considérable, ce serait compromettre également et sa propre cause et sa sûreté personnelle [I].

TROISIÈME OBJECTION.

Obscurité de quelques préceptes et de quelques passages de l'Évangile.

On a élevé contre la doctrine chrétienne des objections tirées de l'obscurité de certaines maximes et de certains passages de l'Évangile. Les obscurités ont même été singulièrement multipliées et exagérées par quelques écrivains. Le père Simon s'efforce de prouver que l'Écriture ne saurait être comprise sans les traditions d'une église infaillible; et l'on devine aisément les motifs qui lui font défendre cette opinion. Il n'en reste pas moins vrai que l'essentiel de la religion est accessible à toutes les capacités, particulièrement à tous ceux qui ont fait quelques progrès dans la connaissance des écritures; car, sans cette condition, je répéterai de nouveau qu'on n'acquerra jamais une connaissance exacte du christianisme ni de ses preuves.

Nous l'avons déjà observé; on doit raisonnablement s'attendre à rencontrer dans une chose aussi extraordinaire qu'une révélation divine, certains points particuliers que, dans notre état d'imperfection, nous ne saurions pleinement comprendre, et cela d'autant mieux que les autres ouvrages de la Divinité nous offrent également une foule d'objets qui surpassent notre intelligence. Il n'est pas moins raisonnable de supposer que, vu la distance de temps et de lieu qui nous sépare des apôtres, plusieurs locutions qu'ils emploient, plusieurs coutumes auxquelles ils font quelquefois allusion dans leurs écrits, nous ont échappé ou ne peuvent plus être parfaitement comprises.

Il n'y aurait donc rien d'extraordinaire à ce que, par la négligence des copistes, il se fût glissé quelques variations et même quelques altérations dans le texte original de livres qui ont existé quatorze siècles avant l'invention de l'imprimerie. Ces altérations toutefois sont peu considérables, et en plus petit nombre peut-être que celles d'aucun autre ouvrage de l'antiquité. Car premièrement, les copistes du Nouveau-Testament ont toujours entrepris leur travail, avec l'idée que le livre qu'ils avaient sous les yeux, était un livre sacré, ce qui sans doute devait les rendre aussi attentifs que possible. — En second lieu, la jalousie mutuelle des différentes sectes chrétiennes qui, toutes, s'accordaient à en appeler à ce livre comme à la règle de leur foi, devait porter ceux qui avaient embrassé telle ou telle de ces sectes, à examiner avec un soin tout particulier, les copies que leurs adversaires pouvaient faire circuler, et à signaler la moindre négligence qu'ils y découvriraient. Enfin, en comparant les diverses copies et les divers manuscrits de nos saints livres, les diverses traductions qui en ont été faites à différentes époques et dans différentes langues, ainsi que les citations innombrables qu'on rencontre dans les pères grecs et latins, il paraît que le texte sacré a été, dans tous les siècles, essentiellement le même. Bentley, dont on ne contestera pas l'habileté dans ce genre de science, observe que le Nouveau-Testament a souffert moins d'altération de la main du temps, qu'aucun écrit profane. Et en effet, il n'y eut jamais d'ouvrage profane, à la conservation et à l'intégrité duquel le genre humain ait été si fortement intéressé que l'a été le monde chrétien, durant l'espace de dix-huit siècles, à certifier et à préserver de toute altération et de toute variation, les monumens originaux du christianisme.

Quant à l'Ancien Testament, bien qu'il ait dû souffrir plus d'altérations que le Nouveau, nous n'avons aucune raison de penser qu'il en ait souffert beaucoup. Il avait été confié à un peuple qui, convaincu de sa céleste origine, le conservait avec tant de vénération, qu'il allait jusqu'à compter les mots et même les lettres contenues dans les différens écrits qui le composent. Ce peuple, étant d'ailleurs partagé aussi en différentes sectes, devait être attentif à signaler toute erreur de copie qu'on aurait commise à dessein ou par inadvertance.

Plusieurs bons effets peuvent résulter de la rivalité mutuelle des sectes religieuses, tant que cette rivalité ne dégénère pas en fanatisme. L'une épiant, pour ainsi dire, la conduite de l'autre, elles se redoutent mutuellement ; et l'effet naturel de cette surveillance réciproque, est d'augmenter l'activité, la vigilance et l'émulation. Si nous donnions nos principaux soins à la pratique de la piété, de la tempérance et de la charité que tous les disciples de Jésus regardent comme indispensable ; si nous recherchions humblement la vérité, et si nous demandions à Dieu la grâce de la découvrir, ce que tous les chrétiens jugent également obligatoire, nous pourrions présumer, d'après la bonté de notre Créateur, et d'après les divers degrés d'intelligence qu'il lui a plu d'accorder à différens hommes, que des divergences d'opinion, sur des objets de spéculation, ne sauraient nous rendre coupables. Que les diverses communions chrétiennes apprennent de là à revêtir des sentimens de modération et d'une tolérance réciproque ! Il faut avoir l'esprit singulièrement tourné pour s'imaginer que, dans la masse de ceux qui invoquent le nom de Jésus, il n'y a que ceux qui pensent exactement comme nous, sur tous les points, qui puissent être sauvés [J].

Quelque carrière que nous suivions dans ce monde, il semble que la Providence ait voulu nous y faire trouver des difficultés; l'adversité en effet, comme l'observe Virgile, aiguillonne l'esprit, tandis que l'inaction le plonge dans l'assoupissement. Les traverses, l'industrie et les revers de la vie rendent nécessaires l'invention, la patience et le courage, pour les prévenir, les supporter et en triompher. L'homme, né ignorant, doit travailler à acquérir la science. Sa raison est faible, mais elle est susceptible de culture; et le sentiment même de sa faiblesse lui démontre la nécessité de la développer, par le libre et sincère examen de la nature des choses sur lesquelles elle s'exerce. Les obscurités de la philosophie, en nous forçant à la méditation et à l'examen, réveillent le pouvoir de l'imagination, et fortifient tout à la fois le jugement et la mémoire. Et les obscurités de la religion, bien loin d'être de nature à décourager le chrétien dans ses recherches, doivent au contraire éveiller sa curiosité en le disposant à sonder les écritures, à réfléchir sur lui-même, à méditer sur la nature, sur la Providence, sur le monde et sur les œuvres de la Divinité; à être humble à cause de son ignorance et de sa faiblesse, et à implorer l'assistance de l'esprit saint pour le conduire dans toute vérité utile. Des exercices de ce genre sont-ils préjudiciables à la nature de l'homme? ne lui sont-ils pas au contraire avantageux au suprême degré? Que l'on ne tire donc pas, de l'obscurité de certains passages et de certains points de doctrine des objections contre la religion du Sauveur. Ces difficultés une fois présentées sous leur véritable point de vue se trouveront ajouter plutôt à son évidence. Elles prouveront du moins que l'Évangile est exactement semblable aux autres ouvrages du même être puissant et bon, qui, par la constitution de chaque chose ici-bas, nous montre clairement que notre état présent est un état d'épreuve.

Ces remarques peuvent servir de réponse aux objections de ceux qui sont surpris, qu'après avoir été prêchée pendant dix-huit siècles, dans les parties les plus éclairées du monde, la doctrine chrétienne ait encore besoin d'interprétation, et fournisse carrière aux travaux des critiques, des traducteurs et des amateurs de l'antiquité. L'homme qui a fait une étude un peu approfondie des analogies de la nature, ne trouvera ici aucun sujet d'étonnement. Dans les autres ouvrages de la Divinité, nous faisons constamment des découvertes nouvelles, sans entrevoir aucun terme à nos recherches ou aucune époque qui promette de satisfaire complétement la curiosité humaine. La chose ayant eu lieu ainsi dans tous les siècles passés et pour toutes les sciences, nous en conclurons raisonnablement qu'il en sera de même pour tous les siècles à venir; et que la contemplation de cette sagesse et de cette bonté divine, telle qu'elle se déploie dans les ouvrages de la création et de la Providence, pourra nous fournir une occupation délicieuse, même pour l'éternité. Car un Créateur Tout-Puissant peut, s'il lui plaît, donner à ses ouvrages une étendue infinie; et pour une intelligence bornée, l'examen de ce qui n'a point de bornes ne peut jamais avoir de fin.

Nous avons chaque jour quelque chose à faire, sans cela nous serions malheureux. Tous les arts, toutes les sciences sont susceptibles de perfectionnement. Si cela n'était pas, l'esprit humain languirait dans l'inaction, le travail de l'homme n'aurait d'autre but que de le distraire; et l'esprit d'invention, et les vicissitudes de l'espérance et de la crainte n'existeraient plus; état de choses également incompatible avec la vertu et le bonheur d'une créature intelligente telle que l'homme. Les doctrines essentielles de notre religion, ainsi que les parties pratiques et les plus nécessaires de l'agriculture, de la médecine, de la navigation et des autres sciences, ne dépassent pas la portée de quiconque a le désir de s'en instruire. Et cependant il y a encore et probablement il y aura toujours dans la religion, comme dans les arts et dans les sciences, de nouveaux pas à faire, de nouveaux points à examiner et à éclaircir; et l'homme qui recherchera humblement la vérité, avec un sincère désir de la connaître et de faire du bien en la répandant, aura toujours lieu de se réjouir d'un travail qui ne contribuera pas moins à le rendre lui-même plus heureux et plus vertueux qu'à avancer la moralité et le bonheur du genre humain. Ajoutons, pour ceux qui se consacrent à éclaircir les vérités théologiques, qu'aussi long-temps que les hommes seront doués de capacités différentes et sujets à se tromper, la sagacité de l'un servira à rectifier les erreurs de l'autre.

QUATRIÈME OBJECTION.

Contradictions apparentes de quelques points da l'histoire évangélique. De l'inspiration.

QUELQUES personnes ne savent comment concilier l'inspiration des évangélistes avec certains points sur lesquels les Évangiles semblent différer. Les écrivains sacrés ne racontent pas les mêmes choses, et ne rapportent pas les mêmes événemens précisément de la même manière. Les différences sont légères, il est vrai, mais elles sont sensibles. Comment la chose a-t-elle pu avoir lieu, si les historiens étaient inspirés? Je soumets au lecteur, sur cette question, la réponse suivante :

Il y a long-temps que Socrate a observé que l'homme n'a pas besoin d'une révélation surnaturelle, à l'égard des choses qu'il peut suffisamment connaître par le seul secours de ses facultés naturelles. Une lumière surnaturelle était nécessaire pour mettre les apôtres en état de saisir l'ensemble des vérités évangéliques. Ils la reçurent donc le jour de la Pentecôte ou peu de temps après, conformément à la promesse de leur maître. Je dis ou peu de temps après, parce que, postérieurement à la descente du Saint-Esprit, une révélation particulière fut accordée à saint Pierre, au sujet de la conversion des païens, et que le plan entier de l'Évangile, accompagné de dons et de grâces miraculeuses, fut communiqué à saint Paul par une inspiration immédiate. Dès-lors nous trouvons que les apôtres, dans leurs enseignemens, revendiquent l'infaillibilité en termes formels. Leur maître leur avait également promis que, durant le cours de leur ministère, et dans quelques circonstances extraordinaires et imprévues, comme dans le cas où ils seraient cités devant les rois et les chefs des nations, ils recevraient un secours céleste pour assurer leur défense.

Mais l'inspiration n'était nullement nécessaire, pour mettre les premiers disciples en état de voir et d'entendre; ou pour leur enseigner comment ils devaient se conduire dans les affaires ordinaires de la vie. Nous n'avons aucune raison de penser, qu'après sa conversion saint Jean devint un pêcheur plus habile, ou saint Luc un médecin plus expérimenté. Il n'est donc pas nécessaire, je pense, de les envisager comme historiens, sous un autre point de vue que sous celui de gens probes et vertueux, qui racontent ce qu'ils ont vu et entendu, ce qu'ils ont examiné, ce dont ils étaient juges compétens et qui les intéressait vivement : car, dans cette supposition, leur témoignage est bien suffisant pour établir la vérité de l'Évangile.

Si par exemple saint Jean a vu faire à son maître, ou lui a entendu dire des choses que saint Matthieu n'a ni vues ni entendues, ce qui doit être arrivé dans une foule de cas, il était également naturel au premier de raconter ces choses, et au second de les passer sous silence. De même, en supposant que saint Matthieu et saint Marc, témoins de la crucifixion du Sauveur, furent placés dans la foule de manière à entendre que l'un des brigands injuriait leur maître mourant; tandis qu'ils ne distinguèrent chez l'autre que le mouvement des lèvres sans qu'il leur fût possible d'entendre les paroles qu'il proférait : ils ont agi d'une manière assez naturelle, en concluant, dans un moment où tout le monde semblait conjuré contre Jésus, que les deux hommes crucifiés avec lui le chargeaient des mêmes injures. Ce qui pourtant ne fut reconnu vrai que de l'un des deux malfaiteurs, comme on le voit dans le récit plus détaillé de saint Luc, lequel tenait ses renseignemens de personnes, qui plus rapprochées du lieu de la scène, avaient distinctement entendu les paroles du brigand converti.

Nous pouvons affirmer avec confiance, que si les Évangélistes avaient imaginé une fable, et qu'ils eussent voulu la faire accréditer dans le monde comme une histoire réelle, ils auraient donné tous leurs soins à ce qu'il ne se fut pas trouvé la plus petite différence dans leurs diverses dépositions. Il s'en trouve cependant, mais qui ne sont pas assez importantes pour compromettre la véracité des historiens, ou pour jeter aucun nuage sur l'intégrité de l'Évangile.

On peut dire la même chose de la généalogie de notre Seigneur, différemment établie par saint Matthieu et par saint Luc. Si l'une ou l'autre de ces tables eût été fausse, toutes les deux n'auraient pas été conservées. Toutes deux sont donc vraies ; et on peut les concilier en supposant que l'une de ces généalogies est celle de la mère de Jésus ; et l'autre celle de celui qu'on regardait comme son père. Les deux auteurs s'accordent sur les points les plus essentiels ; et nommément font descendre le Messie d'Abraham et de la famille de David. Il est impossible en effet de supposer aucun motif qui ait pu porter saint Luc ou saint Matthieu à déguiser la vérité sur cet article ; car chez un peuple qui, en fait de généalogie, poussait l'exactitude aussi loin que la nation juive, l'erreur eût été trop facilement découverte.

Quand le sujet que l'on a en vue est très-compliqué, on ne doit pas s'attendre à trouver dans la déposition des témoins une concordance parfaite. Quelqu'attentifs et quelque sincères que nous les supposions, ils ne peuvent pas tous s'être rencontrés dans le même lieu, ni par conséquent avoir observé précisément les mêmes détails sans aucune variation. Relativement à certains faits, la mémoire de quelques hommes est aussi plus fidèle que celle d'autres hommes. Les uns se souviennent mieux de ce qu'ils ont vu; les autres de ce qu'ils ont entendu : celui-ci considère la liaison des événemens avec leurs effets et leurs causes; celui-là les envisage séparément, et comme si chaque événement était isolé. De là, comme nous l'avons déjà observé, quelques différences dans la déposition de plusieurs témoins, sur des articles de peu d'importance, donneront une opinion favorable de leur véracité; tandis qu'une parfaite identité de déposition, dans le cas qui nous occupe, fera naître le soupçon d'un plan concerté à l'avance [K].

Mais quoique, depuis la descente du Saint-Esprit le jour de la Pentecôte, les apôtres aient revendiqué l'infaillibilité en matière de dogme, ils n'ont jamais prétendu que toute leur conduite fût sous l'influence immédiate de l'inspiration. Et s'il est vrai qu'ils méritèrent le titre de saints, il n'en reste pas moins démontré qu'ils ne furent que des hommes, et comme tels, exposés à certains péchés de faiblesse qu'ils avouèrent en toute humilité, et dont ils assurent que nul homme n'est exempt. Ils furent aussi sujets à l'erreur, non pas à la vérité, quant à la doctrine, mais sur des objets de peu d'importance, dans lesquels ils n'avaient pour se diriger que les seules lumières de leur raison. « Si nous di- » sons que nous sommes exempts de péchés, » dit saint Jean, nous nous séduisons nous- » mêmes, et la vérité n'est point en nous. » « Nous sommes des hommes sujets aux mê- » mes infirmités que vous, » s'écrièrent Paul et Barnabas, quand le peuple de Lystre se disposait à leur rendre des honneurs divins. Et qu'il me soit permis de demander ici en passant, pourquoi ces deux apôtres, s'ils n'ont été que des imposteurs, et s'ils ont désiré d'acquérir sur l'esprit des hommes une influence dont ils n'étaient pas dignes, se sont-ils montrés si empressés de refuser de tels honneurs, et si zélés à détourner ce peuple de l'idolâtrie? Je demanderai encore, par rapport aux apôtres en général, par quelle raison, si l'ambition, la vanité ou tout autre principe que l'amour de la vérité, les a dirigés dans leur conduite, ont-ils si unanimement et si solennellement protesté, que c'était à leur maître et non point à eux-mêmes qu'il fallait rapporter tout ce qu'il y avait de glorieux dans leurs miracles et dans leur doctrine [L]?

Maintenant donc, si j'ai suffisamment déterminé la nature de leur inspiration, pourra-t-il paraître étrange et à quelques égards dérogatoire au caractère des apôtres et des évangélistes, que Paul et Barnabas aient différé d'opinion sur la convenance de prendre avec eux Jean surnommé Marc? que ce Jean ait été soupçonné d'avoir momentanément négligé son devoir (1)? Que Pierre et Paul, bien qu'ils

---

(1) Art. XV. 37-40.

se fissent remarquer par leur courage, aient été dans une ou deux occasions saisis de quelques momens de crainte, ou que le premier de ces deux apôtres ait été censuré par le dernier, pour avoir imprudemment fait paraître dans une circonstance particulière, trop d'indulgence à l'égard de certains préjugés des juifs ses compatriotes (1); sentiment bien naturel en lui-même, principalement chez un homme dont les affections étaient aussi vives que chez Pierre, et qui dans les cas ordinaires n'était nullement condamnable? Tout cela sans doute aurait paru fort surprenant, si les apôtres avaient jamais prétendu qu'ils étaient aussi infaillibles dans leur conduite que dans leur doctrine. Mais ils déclarent modestement qu'il n'en est point ainsi. Leur témoignage souffrirait-il quelque atteinte d'un tel aveu? Pas la moindre : au contraire, cette conduite ho-

---

(1) Gal. II. 11.

nore leur sincérité, et prouve qu'ils furent également incapables de tromperie et d'ostentation.

CINQUIÈME OBJECTION.

De la prétendue incompatibilité du christianisme avec le cours ordinaire des affaires humaines.

Le christianisme, a-t-on dit, est une religion si peu compatible avec les affaires de ce monde, qu'il n'est guère possible de vivre ici-bas, comme on ne saurait se dispenser de le faire; et de s'assujétir en même temps à l'austérité de sa morale. Je conviens que les affaires humaines se règlent trop souvent sur des principes tout-à-fait étrangers à ceux de Jésus; que les hommes qui ont placé leurs affections dans ce monde, et qui ont résolu d'agir en conséquence, ne trouveront pas de grands encouragemens dans l'Évangile; et que la conduite d'un vrai chrétien pourra quelquefois paraître bizarre au voluptueux, à l'ignorant, aussi bien qu'aux esprits frivoles et légers. Mais ceux-là porteront un jugement bien différent, qui réfléchissent que notre Seigneur est venu dans le monde pour apprendre aux hommes, non comment ils peuvent s'enrichir, acquérir de la renommée ou de la gloire, mais comment ils doivent se préparer pour l'éternité. Cependant, quoique les principes du christianisme et les maximes du monde, soient si souvent en opposition, il ne s'ensuit point qu'elles le soient nécessairement, ni qu'elles doivent l'être. Si les affaires humaines se réglaient sur les principes du christianisme ; ce monde, qui, malgré tout l'empire des lois humaines, n'est trop souvent qu'un théâtre de trouble et de confusion, se transformerait en un séjour délicieux de justice et de paix.

Notre religion proscrit tout espèce d'injustice; les contestations, l'avarice, l'orgueil, la vengeance, les querelles, la haine, le mécontentement : elle interdit tous les plaisirs, toutes les passions, tous les projets qui tendent à dégrader notre nature ou à nuire à notre prochain. Elle prescrit

la compassion, la libéralité, la probité; elle déclare qu'aucune autre vertu ne peut suppléer au défaut de cette bienveillance ou de cette charité, « qui est patiente et
» pleine de bonté, qui n'est point envieuse,
» qui n'est ni vaine ni insolente, qui ne
» s'enfle point d'orgueil; qui ne fait rien
» de malhonnête, qui ne cherche point
» son intérêt particulier, qui ne s'irrite
» point, qui ne soupçonne point le mal,
» qui ne se réjouit point de l'injustice,
» mais qui se plaît à la droiture (1). » Or qu'y a-t-il dans cette charité, qui ait pour but d'entraver les affaires, de troubler les plaisirs innocens de la vie ou d'anéantir la prospérité des nations? L'injuste, l'orgueilleux, l'avare, le voluptueux, celui qui porte un cœur inhumain, peuvent objecter contre la morale de l'évangile, ce que les fripons et les voleurs de grand chemin objectent contre la loi ci-

---

(1) I Corinth. XIII.

vile, qu'elle est rigoureuse outre mesure : mais l'homme juste, intelligent, doué d'un bon naturel, ami de la sagesse, sera toujours d'une opinion différente. Ces pieuses et généreuses affections qui dominent constamment dans le cœur d'un vrai chrétien, ont en elles-mêmes un charme inexprimable; et bien loin de diminuer les plaisirs innocens de la vie, elles ne peuvent manquer de les augmenter, de les ennoblir et de les purifier (1).

L'Évangile, dit-on quelquefois, ne recommande nulle part le patriotisme ou l'amour de la patrie; vertu sublime si fort exaltée par les Grecs et par les Romains, qui donne de l'élévation à l'esprit, qui a développé de si beaux caractères et fait éclore tant d'actions éclatantes. — Il est vrai que les principes du chrétien le ren-

---

(1) *Voyez* Sermons de Cellerier, tom. III, Serm. IV. *Voyez* aussi les discours du D. Chalmers sur *l'application des principes du christianisme au commerce et aux affaires ordinaires de la vie.*

dent citoyen du globe, en déclarant qu'il est de son devoir non-seulement de souhaiter du bien, mais d'en faire, toutes les fois qu'il en trouve l'occasion, à tous les hommes sans exception, quelle que soit la religion qu'ils professent et le pays qu'ils habitent. Il est vrai aussi que quand le patriotisme va jusqu'à dépouiller un homme de la bienveillance chrétienne, jusqu'à le rendre indifférent au bien-être d'un homme parce qu'il nous est inconnu ou étranger, il cesse dès-lors d'être une vertu, et se convertit en une disposition farouche, brutale, égoïste. Quelle idée nous formerions-nous d'un villageois, qui bornerait l'intérêt qu'il porte aux affaires humaines, à l'enceinte de sa paroisse? Aux yeux du philosophe chrétien, celui-là n'est pas moins condamnable, dont les vues étroites et le manque d'humanité, concentrent toutes les affections sur son propre pays; ou qui dans le but de l'illustrer, voudrait abaisser les autres. Le patriotisme est un principe qui touche d'un côté à l'égoïsme, et de l'autre à la magnanimité. L'Évangile condamne tout ce qu'il a d'égoïste, et exalte tout ce qu'il a de généreux.

Il est également conforme à notre nature et à l'esprit du christianisme, d'accorder une certaine préférence aux personnes qui vivent sous notre dépendance, qui nous sont unies par les liens du sang ou de l'amitié, et qui adorent le même Dieu et le même Sauveur que nous. Notre Seigneur commande à ses apôtres, de faire entendre les premières promesses de salut aux Juifs leurs compatriotes : et lui-même, prévoyant la ruine de son pays, apostrophe Jérusalem de la manière la plus vive et la plus touchante, et il verse des larmes sur elle. « Si quelqu'un n'a pas » soin des siens, nous dit l'apôtre, parti- » culièrement de ceux de sa maison, il a » renié la foi, et il est pire qu'un infidèle. » « Autant qu'il nous est possible, » est-il dit dans un autre endroit, « faisons du bien » à tous les hommes, principalement à

» ceux qui sont serviteurs de la foi. »

Notre Sauveur défend toute inquiétude excessive (1) par rapport aux événemens de la vie et aux avantages de ce monde : mais sa religion, ainsi que celle de Moïse, condamne formellement l'indolence ; et ses apôtres prescrivent le travail, et par leurs leçons et par leur exemple. Il y a même quelque sujet de croire que leur maître travailla lui-même de ses propres mains dans le métier de celui qu'on regardait comme son père : car autrement ses concitoyens ne l'auraient pas surnommé *le charpentier*. Jésus proscrit la vengeance et l'esprit querelleur, mais non la légitime défense de soi-même : et si ce législateur n'a point jugé nécessaire de nous en faire une loi, c'est que l'instinct de notre nature, et le bien-être de la société rendent cette défense indispensable. Et quoiqu'il eût recommandé à ses premiers

---

(1) Matth. VI. 25-34.

disciples de se montrer patiens dans les injures, parce que nous devons tous nous supporter et nous pardonner réciproquement, il leur permit cependant de parler pour leur propre défense, et même il leur promit des secours surnaturels, quand ils se verraient obligés de le faire.

La guerre ne saurait s'accommoder au génie d'une religion dont la paix est le but: mais quelle conséquence peut-on en tirer? Si les guerres venaient à cesser sur la surface du globe, la société en serait-elle moins heureuse, ou les nations moins florissantes? Tout le monde ne parle-t-il pas de la guerre comme d'une calamité, qui trop souvent désole l'espèce humaine? Mais la guerre, persistera-t-on à soutenir, est inévitable. Peut-être en est-il de telles; et dans ce cas, on ne peut pas dire que la religion, qui permet la légitime défense de soi-même, et qui fait un devoir de la soumission au gouvernement, la proscrive en aucune manière. Il n'y a point d'opposition entre le caractère d'un bon chrétien et celui d'un vaillant soldat. Le mérite militaire reçoit de grandes louanges dans l'Ancien-Testament. Dans le Nouveau il est souvent parlé avec honneur des gens de guerre; et quelques-uns sont particulièrement cités pour leur piété. Notre Seigneur fait l'éloge de la foi du centurion, dont il avait guéri le serviteur, lui donnant à entendre qu'il était dans le chemin du salut. Quand saint Pierre baptisa le centurion Corneille, on ne voit pas qu'il lui ait fait aucun reproche d'avoir suivi la carrière militaire, ni qu'il lui ait fait une loi de la quitter. Jean Baptiste ne conseillait pas aux gens de guerre, de mettre bas les armes et de cultiver les arts de la paix, mais uniquement de mener une conduite irréprochable, et de se contenter de leur salaire. Et lorsque saint Paul exhorte les Éphésiens « à se revêtir de toutes les armes » de Dieu, de la cuirasse de la justice, » du bouclier de la foi, du casque du sa- » lut et de l'épée de l'esprit, » ces allusions et d'autres semblables que l'on rencontre en foule dans nos saints livres, tendent évidemment à honorer la profession militaire. En effet, il est peu de professions dans la vie qui donnent lieu à développer un aussi grand nombre de vertus chrétiennes. Nous nous attendons à rencontrer chez celui qui mérite le titre de bon soldat, de la modestie, de la modération, de l'humanité, de la patience, de la clémence et de la franchise : et ceux qui ont beaucoup vécu dans le monde, ont eu mille occasions de voir cette attente réalisée [M].

Mais l'amitié, cette source de tant de douces jouissances, l'amitié sans laquelle la vie nous serait bientôt à charge, n'est mise nulle part dans le Nouveau-Testament au rang des vertus chrétiennes. Quelques personnes ont cru devoir faire de ce silence une objection contre la morale de l'Évangile, et le présenter comme une preuve de son incompatibilité avec la conduite générale des affaires humaines. Mais on peut demander à Shaftesbury, qui le premier paraît avoir élevé cette difficulté, quel philosophe parmi les anciens, dont il est si grand admirateur, lui a enseigné que l'amitié était une vertu? Sans doute ce n'est pas Cicéron, quoiqu'il nous ait laissé sur ce sujet un traité fort élégant : car il a grand soin de distinguer l'amitié de la vertu, quand il dit, à la fin de son livre, que la vertu est plus excellente que l'amitié, et que c'est la vertu qui fait naître l'amitié, et qui la conserve. Aristote ne s'explique pas là-dessus d'une manière bien précise : il reconnaît seulement que l'amitié et la vertu ont entre elles une étroite liaison. Et ces deux choses en effet sont tellement unies, qu'elles s'engendrent mutuellement, de la même manière qu'une association commerciale peut développer la probité et l'industrie, ou que la probité et l'industrie peuvent créer une association. Mais quoique la probité et l'industrie soient des qualités essentielles au commerce, une société de commerce n'est pas une vertu et aucun négociant ne sera estimé pour avoir des associés, ou blâmé parce qu'il n'en a pas. Être privé d'amis, quand il n'y va pas de notre mauvaise conduite, c'est sans doute un très-grand malheur ; mais jamais aucun être raisonnable n'imaginera de qualifier de faute une telle disgrâce.

Toutes les vertus qui s'allient avec l'amitié, tous les devoirs qu'un ami doit remplir envers son ami, la douceur, le support, la complaisance, sont expressément recommandés par les préceptes de l'Écriture, et mis en pleine évidence par l'exemple [N]. Quelle lacune l'Évangile laisse-t-il donc relativement à l'amitié ? Aucune, si ce n'est qu'il ne renferme aucun précepte du genre de ceux-ci : « Vous
» ferez choix d'une personne ou de cer-
» taines personnes, qui vous sont agréa-
» bles; vous les aimerez plus que d'autres,
» et vous ferez en sorte de vous concilier
» pareillement l'affection de ces per-
» sonnes. » Ne serait-ce pas là en vérité une législation bien admirable ? L'auteur

n'en paraîtrait-il pas bien habile, et profondément versé dans la connaissance du cœur humain et des relations sociales? Telles furent pourtant, à ce qu'il paraît, sur le sujet qui nous occupe, l'habileté et la pénétration de l'auteur des *caractéristiques*.

Pour terminer : si la tempérance, la piété et la sociabilité ; si la douceur, l'intégrité et la miséricorde ; si la confiance en Dieu, la résignation dans les revers ; si l'éloignement du mal, la répression de tout injuste dessein, sont autant de vertus éminemment avantageuses à l'espèce humaine, et qui tendent tout à la fois à assurer le repos des peuples et le bonheur des individus, il s'ensuit que notre religion est, même pour ce monde, le meilleur code de morale, et que les désordres que nous observons autour de nous, doivent être imputés non pas au christianisme lui-même, mais toujours à une préférence accordée à une conduite et à des principes qui lui sont tout-à-fait opposés. Il n'est donc pas moins absurde d'imaginer que le sort du genre humain pourrait s'améliorer, en supprimant le frein de la morale chrétienne, qu'il ne le serait de proposer comme moyen d'augmenter la prospérité du commerce, la révocation des lois qui punissent la fraude et le larcin.

SIXIÈME OBJECTION.

De l'apparente inefficacité de l'Évangile pour réformer le genre humain.

Le monde n'est-il pas aussi corrompu aujourd'hui qu'il l'était du temps des païens ? L'antiquité n'a-t-elle pas produit d'aussi grands hommes qu'aucun de ceux qui se sont illustrés dans les siècles modernes ? Quel si grand avantage le genre humain a-t-il donc retiré du christianisme, soit dans l'intérêt des mœurs, soit dans celui de l'art de gouverner ?

Quand on pourrait répondre affirmativement sur les deux premières questions, l'évidence du christianisme n'en serait point ébranlée. Les premiers prédicateurs de l'Évangile n'ont jamais dit que les grandes fins qu'ils avaient en vue seraient accomplies immédiatement, ni même à une époque prochaine, ou que « qui- » conque aurait une fois connu le nom » de Christ se détournerait de son ini- » quité. » Au contraire, ils parlent si souvent et avec tant de particularités de la corruption des derniers âges, que nous ne pouvons pas douter qu'ils n'eussent quelques données là-dessus. Si dans les douze que notre Seigneur lui-même avait choisis, il se trouva un traître et un scélérat, dans quelle autre société chrétienne nous attendrons-nous à voir briller en tout point chez ceux qui la composent, *la doctrine de Dieu notre Sauveur?*

Aussi long-temps que nous vivrons ici-bas dans un état d'épreuve, il y aura des maux physiques et moraux, pour exercer notre vertu; aussi long-temps que nous demeurerons sujets à faillir, notre vertu sera souillée d'imperfections, et notre science entachée d'erreurs; et aussi longtemps que la repentance et la foi feront partie des devoirs du chrétien, l'homme restera une créature pécheresse, et demeurera exposé à diverses tentations qui proviennent de l'exemple des méchans, de la corruption de son propre cœur et des sophismes des incrédules. Il y a dans chaque point de notre religion quelque chose qui se lie à une économie future; il n'est donc pas possible que nous ayons les qualités requises pour juger de son influence générale sur la vertu et le bonheur du genre humain, jusqu'à ce que par la suite notre foi soit *changée en vue*, notre épreuve terminée, et nos esprits assez développés pour embrasser toute l'étendue de cette merveilleuse dispensation, et la suivre dans tous ses desseins et dans toutes ses conséquences.

Dans l'état actuel des choses, nous avons néanmoins une connaissance suffisante du christianisme et de la nature de l'homme, pour nous apercevoir que la condition du genre humain s'est améliorée sous plusieurs rapports, par la religion de Jésus. Il n'est pas possible, il est vrai, d'établir une comparaison rigoureuse entre les mœurs des chrétiens et celles des païens. Nous n'ignorons pas les vices de l'époque où nous vivons; mais comment prétendrons-nous déterminer la nature et la somme des vertus chrétiennes, vertus dont le caractère est plutôt de se dérober aux regards du public que de se produire avec éclat dans le monde? Nous ne connaissons guère non plus les crimes et les vertus des peuples païens, autrement que par le récit de leurs historiens, ou par les allusions de leurs autres écrivains.

I. La première question relative au sujet qui nous occupe dans ce moment, doit être posée ainsi. N'avons-nous donc aucune raison de penser, tout bien considéré, que le genre humain soit aujourd'hui plus vertueux et plus heureux qu'il ne l'eût été, si les saintes Écritures n'avaient jamais existé? Que celui qui se trouve embarrassé de répondre, compare la théologie et la morale de Jésus-Christ et de Moïse, avec la doctrine et les mœurs de ces nations, qui ne furent jamais à portée de puiser aucune connaissance à ces deux grandes sources de sagesse que nous offrent l'Ancien et le Nouveau-Testament.

Nous devons confesser avec honte et avec douleur, qu'un grand nombre de ceux qui portent le nom de chrétiens déshonorent leur religion ; même je crains bien qu'on ne puisse avancer, sans blesser la charité, que plusieurs d'entre eux sont aussi désespérément méchans qu'aucun barbare ou aucun païen qu'on pourrait citer. Leur conduite toutefois ne saurait être imputée à une religion à laquelle ils n'obéissent ni n'ajoutent foi, et qu'ils ne désirent pas même connaître, à une religion qui déclare « que la tribulation et
» l'angoisse fondront sur tout homme vi-
» vant qui fait le mal, » et qui promet
« que la gloire, l'honneur et la paix seront
» le partage de tout homme qui fait le

» bien. » De ce qu'on abuse des meilleures choses, et que celui qui s'est mis hors d'état de les apprécier, les méprise quelquefois, s'ensuit-il que les meilleures choses soient, par elles-mêmes, mauvaises ou inutiles? ou si quelqu'un avait l'estomac assez dépravé pour ne se repaître que de plantes nuisibles, s'aviserait-on d'en faire une objection sérieuse contre l'utilité du blé ou de l'agriculture?

La condition de ceux qui adorent le Dieu vivant et vrai, n'est-elle pas préférable à celle de ces nations qui tremblent devant les autels des démons, et en présence d'idoles de bois ou de pierre, ou qu'on a vu se prosterner devant les légumes de leurs jardins, devant les quadrupèdes, les monstres et les animaux les plus vils? A cet égard, la supériorité du chrétien sur le païen n'est-elle pas aussi grande ou à peu près, que celle de l'homme sur l'animal stupide? N'oublions donc jamais que sans Jésus et Moïse, sans la bonté divine qui s'est manifestée en eux, le monde entier serait demeuré jusqu'à ce jour, barbare ou païen, ou tous les deux à la fois, et qu'il aurait continué de l'être, aussi long-temps qu'il y aurait eu des hommes sur la terre.

Nous ne jugeons pas nécessaire d'arrêter ici nos réflexions sur la condition des sauvages, des cannibales et des hordes de barbares de l'espèce la plus méchante. Celui qui peut envisager un état aussi déplorable, sans un mélange de pitié et d'horreur, ou sans un juste sentiment des bienfaits qui dérivent du christianisme et de la civilisation, ne peut qu'être également destitué d'humanité et de raison. Mais la sagesse et la vertu des anciens Grecs et des anciens Romains, au moment de leur plus grande prospérité, ne pourront-elles pas soutenir la comparaison avec les mœurs et les lumières du monde chrétien? A quelques égards elles le peuvent; sous d'autres rapports elles ne le peuvent pas. On ne prétendra pas, par exemple, que dans aucun pays chrétien, un père soit libre *d'adopter* son enfant nouveau-né (si je puis me servir de ce terme), ou de le laisser mourir de faim ou sous la dent des bêtes féroces ; que le massacre des esclaves fasse partie des honneurs funèbres rendus à la mémoire des grands hommes, que d'horribles obscénités souillent le culte religieux ; que les crimes les plus infâmes soient non-seulement commis sans pudeur, mais célébrés par les poètes; et que les écrivains même les plus distingués, en parlent de sang-froid, comme de coutumes établies. On ne prétendra pas que dans l'unique but de satisfaire un ambitieux effréné, des nations paisibles soient envahies, traînées en esclavage ou exterminées ; que pour l'amusement de quelques jeunes soldats, de pauvres malheureux, innocens et sans armes, au nombre de deux ou trois mille, soient impitoyablement massacrés dans une seule nuit, sous le bon plaisir et même sous la protection de la loi; que les plus féroces tyrans soient entourés pendant leur vie des honneurs divins, et adorés après leur mort comme des dieux; que les prisonniers de guerre soient vendus comme esclaves, ou empalés, ou crucifiés, pour avoir combattu pour la défense de leur pays et obéi à leurs chefs légitimes; que les rois et les peuples captifs soient publiquement insultés par leurs vainqueurs, dans ces barbares solennités qui furent décorées jadis du nom de triomphes; que des hommes soient élevés et dressés dans l'art de se déchirer les uns les autres, au nombre de mille et de dix mille chaque mois, pour divertir le peuple [O]. On ne soutiendra pas enfin qu'on se prosterne aujourd'hui comme autrefois en présence d'un roi de Crète, père des dieux et des hommes, que ses adorateurs eux-mêmes n'ignoraient pas s'être souillé d'une foule de forfaits de l'espèce la plus infâme, ni qu'on classe parmi les objets de culte, des voleurs, des ivrognes, des courtisannes, des scélérats, pour ne rien dire de ces idoles subalternes, dont il n'est pas même décent de rappeler les attributs et les fonctions. Pour peu qu'on connaisse l'état de l'ancienne Grèce et de l'ancienne Rome, on verra que je ne fais pas allusion seulement à la corruption de quelques individus, mais aux opinions générales et à la coutume bien établie de ces nations célèbres. Assurément, les mœurs modernes, toutes répréhensibles que nous les connaissions à tant d'égards, son réglées dans le monde chrétien par des principes bien différens. Et si elles l'étaient sur tous les points, comme elles devraient l'être, par les seuls préceptes de l'Évangile, nous ne doutons point que la vertu des chrétiens ne fût aussi supérieure à celle des Grecs et des Romains, que les arts et les sciences de l'Angleterre ou de la France l'emportent sur ceux de la Nouvelle-Zélande ou du pays des Hottentots.

Cette assertion est confirmée par ce que nous voyons de l'influence de l'Évangile, chez ceux qui croient en Jésus et qui suivent ses lois; et quoique le nombre des vrais fidèles soit bien petit, en comparaison de ce qu'il devrait être, il est peut-être plus considérable qu'on ne pense [P]. Nous serions bien mieux fondés encore dans notre opinion, si nous citions en preuve les premiers chrétiens, auxquels l'Évangile fut annoncé dans sa primitive simplicité, qui y ajoutèrent foi avec une pleine confiance, et dont les mœurs furent en conséquence si pures et si parfaites, qu'ainsi que l'observe un élégant écrivain, « il nous est presque aussi difficile de les » comprendre que de les imiter. »

Et quoi de plus propre à imprimer à notre religion un caractère vénérable, que cette considération confirmée par l'expérience, que plus notre foi est ferme, moins elle est altérée par des inventions humaines, et plus aussi elle a de force pour améliorer et purifier le cœur humain ? N'est-ce pas ici une preuve que l'Évangile renferme quelque chose de supérieur à tout ce que les hommes peuvent imaginer? Cela ne nous montre-t-il pas avec quelle sagesse il marche à son but, qui est principalement de régénérer notre nature, et de nous faire atteindre de nouveau ce degré de félicité, dont nous étions déchus par le péché du premier homme ? A-t-on jamais vu paraître dans le monde aucune autre religion ou aucun autre système de croyance qui se soit proposé le même but ou qui ait eu en vue le même dessein ?

Peu de siècles après les temps apostoliques, lorsque cette religion, partie par la fourberie de l'homme, partie par des circonstances qui se liaient à ces temps d'ignorance et de trouble, eut été presque entièrement défigurée par la superstition, elle perdit aussi son influence sanctifiante, et des passions furieuses, des guerres atroces et d'horribles massacres ensanglantèrent l'Europe. Est-ce le christianisme qui enfanta de tels excès ? N'est-ce pas plutôt au mépris du christianisme qu'il faut les attribuer ? Mais la renaissance des lettres fit faire de grands pas à la réforme, et la réforme à son tour hâta le progrès des sciences. On étudia les Écritures ; et le christianisme fut de nouveau compris. Et quoique sa merveilleuse influence soit encore entravée par diverses causes ; quoiqu'elle rencontre malheureusement des obstacles dans la malice des incrédules, dans le zèle aveugle des enthousiastes, dans les erreurs de la politique humaine et dans la déplorable corruption du cœur de l'homme, il n'en est pas moins vrai que les principes de l'Évangile ont développé, chez les nations les plus éclairées, un caractère de magnanimité et de douceur inconnu aux peuples païens, et qu'en particulier ils ont coopéré avec quelques autres causes, à transformer la guerre, ce mal quelquefois inévitable, en un système d'hostilité qui, comparé avec l'acharnement et les ravages des guerres anciennes, pourrait presque être regardé, selon le langage de Milton, comme une espèce de *jeu civil* [Q].

Lorsque l'incrédule objecte contre la religion, qu'elle a causé des persécutions et des massacres; le chrétien, après avoir bien précisé les faits dont il est question, n'a pas d'autre parti à prendre qu'à le renvoyer au Nouveau-Testament, et qu'à lui demander de citer, s'il lui est possible, un seul passage de ce livre qui autorise la persécution ou le massacre. Et s'ils se trouvent hors d'état d'en produire aucun; s'ils est démontré, au contraire, que notre Sauveur et ses apôtres prescrivent constamment par les injonctions les plus formelles, la compassion, la justice, le support, le pardon, la douceur, la miséricorde et la charité; déclarant positivement que sans ces vertus on ne saurait être chrétien, quelques principes qu'on professe d'ailleurs, assurément notre adversaire, s'il est de bonne foi, rapportera ces maux dont on se plaint, non plus sans doute à la religion elle-même, mais à la dépravation ou à la folie de ces hommes méchans qui l'ont corrompue ou travestie par des additions et des déguisemens qu'on ne saurait justifier; ou bien à ceux qui, connaissant l'empire de la religion sur le cœur de l'homme, se sont servis de son nom vénérable pour satisfaire avec plus de succès leurs vues ambitieuses, sensuelles ou sanguinaires. Décrierons-nous l'ordonnance d'un médecin, parce que ceux qui administrent ou qui avalent le breuvage prescrit, ont imaginé d'y mêler des ingrédiens de leur invention d'un effet funeste? ou mépriserons-nous une source dont tous nos sens nous attestent la limpidité, parce que des hommes insensés ou méchans en ont troublé le cours? Aussi long-temps que nous posséderons les moyens de connaître la pure doctrine de l'Évangile, c'est-à-dire, aussi long-temps que le Nouveau-Testament subsistera, il ne sera pas moins contraire à toute idée de justice et de bonne foi, d'imputer au christianisme les méchantes actions de ceux qui se disent chrétiens, qu'il ne le serait de rendre un père sage et religieux, responsable de la mauvaise conduite d'un fils dénaturé, ou de faire retomber sur la tête d'un prince vertueux, les crimes d'un sujet rebelle [R].

II. Quant au second point de l'objection relatif aux grands hommes de l'antiquité, je ne suis nullement en peine de le combattre. Les talens que déployèrent, chez les païens, quelques-uns de leurs généraux, de leurs orateurs, de leurs historiens, de leurs poètes, de leurs sculpteurs et de leurs architectes, furent, je l'avoue, extrêmement remarquables, et peut-être jusqu'à ce jour, n'ont-ils été ni surpassés ni égalés. Mais ceci ne touche en rien au sujet qui nous occupe. Un chrétien peut être un grand homme, et dans plusieurs cas sa religion l'aidera à le devenir véritablement. Mais Jésus et ses apôtres enseignèrent, souffrirent et moururent, non pour que leurs disciples aspirassent dans ce monde à une éclatante renommée, mais pour les élever à la gloire, à l'honneur et à l'immortalité, dans celui qui est à venir. Ceux auxquels ils promettaient les bénédictions du Seigneur, n'étaient pas ceux qui avaient le plus de science, de génie ou de pouvoir;

mais ceux qui étaient humbles d'esprit, dont le cœur était pur; ceux qui étaient doux, miséricordieux, repentans, amis de la justice et de la paix. Il devait importer beaucoup à un moraliste païen et à son disciple, dont les vues ne s'étendaient pas au-delà de la vie présente, de bien connaître les moyens par lesquels on pouvait acquérir assez de célébrité pour se faire admirer de ses concitoyens; mais pour un chrétien dont le but principal doit être de plaire à Dieu, et dont les vues embrassent l'éternité, ce n'est ici qu'une considération secondaire et d'une moindre importance.

SEPTIÈME OBJECTION.

Peu d'importance de l'espèce humaine dans l'immensité de l'univers.

Quelques personnes honnêtes, mais faibles, d'autres d'un caractère différent et dont la philosophie avait enflé le cœur, ont pensé que le peu d'importance de l'espèce humaine affaiblissait la crédibilité de la religion chrétienne. Comparée à l'étendue de notre système solaire, cette terre n'est qu'un point; et le système solaire lui-même, comparé à l'univers, n'est peut-être pas beaucoup plus considérable. Comment donc, disent ces personnes, comment imaginer que des créatures comme nous puissent avoir une assez grande importance pour que la Divinité ait envoyé son fils ici-bas, et qu'elle l'ait revêtu de tant de marques du pouvoir céleste, dans le but de nous instruire par sa doctrine et par son exemple, et de mourir sur une croix pour assurer notre salut ?

C'est là sans doute une preuve bien étonnante de la bonté du Créateur suprême, et de l'extrême condescendance de cet être glorieux qui, pour l'amour de nous, s'est volontairement soumis à un tel état d'abaisssement. Mais l'infinie bonté et le pouvoir sans bornes de la Divinité, quoiqu'au-dessus de toute conception, ne peuvent être niés par ceux qui savent que pour communiquer sa félicité Elle a créé cet immense univers, avec toutes les variétés d'êtres qu'il soutient; qu'Elle les supporte continuellement, les gouverne, et que chacun d'eux est constamment présent à ses regards. Il se peut que le cercle de ses opérations soit beaucoup trop vaste pour une intelligence si éloignée de l'intelligence infinie; mais pour l'Être qui voit tout et qui peut tout, qui n'a point eu de commencement et qui n'aura jamais de fin, toutes ces choses doivent être faciles, incomparablement plus faciles, sans doute, qu'il ne l'est à un père de soigner son enfant, ou à un homme généreux de soulager son voisin dans l'indigence. Les dispensations du Tout-Puissant, par rapport à l'homme, peuvent avec raison nous accabler sous le poids de la reconnaissance et de l'adoration, et nous pénétrer du plus profond sentiment de notre petitesse et de notre indignité; mais prenons garde qu'elles ne fassent naître au dedans de nous un funeste esprit d'incrédulité. Nous échapperons à cet écueil, si nous nous tenons en garde contre la folle et inexcusable témérité, de juger Dieu par nous-mêmes; et de conclure, parce que notre bonté n'est rien, que la sienne ne peut pas être parfaite; ou, parce que nous sommes ignorans et faibles, qu'il ne peut avoir ni une connaissance ni une puissance infinies. Certainement il serait moins absurde, à beaucoup près, d'entendre un villageois grossier nier la possibilité de calculer les éclipses, de voir un aveugle se persuader, parce qu'il est privé du sens de la vue, qu'il n'est personne qui en soit doué; ou de misérables, incapables par eux-mêmes de se procurer aucun soulagement, conclure de leur faiblesse qu'aucune âme généreuse n'a le pouvoir de les soulager.

Une vaste étendue a quelque chose qui frappe tellement notre imagination, que nous nous sentons quelquefois, dans des momens d'irréflexion, portés à n'attacher de l'importance aux objets qu'en raison de la masse qu'ils nous présentent. Combien cependant, même d'après nos idées,

quand nous voulons raisonner, combien un génie tel que celui de Newton n'est-il pas un objet plus sublime et plus intéressant que la lourde masse et la brutale stupidité d'un monstre tel que les poètes nous dépeignent Polyphème? Et quel est l'homme qui se fît scrupule, s'il ne dépendait que de lui, de tuer une baleine pour sauver un enfant? Comparée au bonheur d'un esprit immortel, la masse même la plus considérable que nous puissions imaginer, de substance inanimée, ne nous paraîtra qu'un objet tout-à-fait insignifiant. « Si
» nous considérons, dit Bentley, la dig-
» nité d'un être intelligent, et que nous
» la mettions en parallèle avec la matière
» brute et inanimée, nous pouvons affir-
» mer, sans crainte de nous évaluer trop
» haut, que l'âme d'un homme de bien
» est d'un plus grand prix et plus excel-
» lente que le soleil et ses planètes, et tous
» les astres qui sont dans le monde. » Gardons-nous donc de faire de la masse la mesure de notre estime; ou de juger de l'im-

portance de l'homme par la masse de son corps, ou par la grosseur et la situation de la planète qui est maintenant le lieu de sa résidence.

Notre Seigneur, comme s'il eût voulu prévenir les objections de cette nature, caractérise de la manière la plus expresse les soins vigilans de la Providence, quand il enseigne que c'est Dieu qui *orne l'herbe des champs; qu'il ne tombe pas un passereau en terre sans sa permission, et que les cheveux même de notre tête sont comptés.* Cependant il n'y a point là d'exagération; si Dieu sait tout, s'il est tout-puissant, la chose doit être rigoureusement vraie. Par une prodigieuse fécondité dans le règne animal, végétal et minéral, et par un appareil plus admirable encore, s'il est possible, et merveilleusement combiné pour la distribution de la lumière et de la chaleur, Il fournit aux habitans de ce globe, pour le peu de temps qu'ils ont à y rester, les moyens de vivre et de goûter les douceurs de la vie. Cela nous paraîtra-t-il donc si invraisemblable? La remarque que nous venons de faire ne nous donne-t-elle pas au contraire les plus fortes raisons de penser que par une dispensation analogue, le Tout-Puissant a préparé les moyens de rendre éternellement heureux des êtres qu'il a créés pour l'éternité; qu'il a doués de qualités aussi excellentes que celles de l'âme humaine, et pour le bien être desquels durant leur état d'épreuve ici-bas, il a si admirablement déployé toute la magnificence de ce monde sublunaire?

Aussi loin que s'étendent nos connaissances naturelles, nous remarquons une dépendance merveilleuse des êtres les uns à l'égard des autres. Il est possible, il y a même quelque probabilité, qu'au moyen des comètes ou du moins de l'attraction, notre système solaire est mis en rapport avec d'autres systèmes. Nos planètes supérieures et inférieures dépendant toutes d'un centre puissant de gravité, agissent réciproquement les unes sur les autres; par là notre atmosphère éprouve certaines variations, et est mise en état de fournir la nourriture aux espèces innombrables d'animaux et de végétaux qui nous entourent. Et depuis l'homme jusqu'au plus chétif insecte, depuis le chêne et le cèdre jusqu'au plus petit corps organisé que le microscope nous fait découvrir, chaque être est non-seulement accompli en lui-même, composé de parties adaptées les unes aux autres, et concourant à leurs fins respectives; mais de plus, il est utile à une foule innombrable d'autres espèces d'animaux et de végétaux. N'est-il pas probable qu'il existe de semblables analogies dans les mondes qui échappent à nos regards?

Durant cette première période de notre existence, nos yeux ne peuvent pénétrer au-delà de la scène présente; et la race humaine nous semble former seule une grande société distincte de tout autre. Mais nous pouvons présumer, et tous les raisonnemens qui établissent la vérité de notre religion nous conduisent à cette conséquence, que nous sommes destinés à entrer un jour en relation avec d'autres mondes et avec d'autres sociétés. Et si par la sainteté de notre vie, il nous est donné même ici-bas, comme l'affirme positivement notre Sauveur, d'augmenter jusqu'à un certain point la félicité des esprits célestes, il n'est point impossible que notre salut ne devienne par la suite une affaire importante, non-seulement pour nous, mais pour plusieurs autres classes d'êtres immortels. Ils ne porteront pas, il est vrai, la peine de nos fautes, et ne seront point récompensés à cause de notre obéissance; mais il n'est nullement absurde d'imaginer que notre chute ou notre conversion ne leur serve d'exemple, et que la grâce divine, manifestée dans notre rédemption, n'élève au plus haut point de ravissement leur adoration et leur reconnaissance, et n'excite leur zèle à approfondir, avec une satisfaction toujours nouvelle, les dispensations de l'infinie sagesse. Du reste, ce n'est point ici une simple conjecture. On peut être conduit à ce résultat d'une manière assez plausible par plusieurs analogies de la nature; aussi-bien que par les déclarations de l'Esprit-Saint, qui représente le mystère de notre rédemption comme un objet de curiosité pour les intelligences supérieures; et notre repentance, comme une occasion de faire éclater leur joie [S].

Il serait donc on ne peut plus absurde, de se figurer que le genre humain, dans toutes les périodes de sa durée, formera une société distincte, et qui ne tiendra par aucun lien au reste de l'univers. Cependant, même dans cette supposition, les hommes ne perdraient rien de leur importance; et la religion de notre Sauveur, considérée comme moyen de rendre éternellement heureuses des millions de créatures humaines, n'en serait pas moins un ouvrage qui décélerait tant de bonté et tant de grandeur, qu'on ne saurait l'attribuer qu'au meilleur des êtres, comme il est assurément digne du plus grand.

Ce serait faire un étrange abus de la science que de rétrécir nos vues à proportion que le cercle de connaissances naturelles s'agrandit. C'est cependant là le cas de ceux qui pensent qu'il est plus facile au pouvoir divin de créer et de conserver un seul monde, que d'en créer et d'en gouverner dix mille. Si nous jugeons de la puissance divine par ce que nous connaissons de la nôtre, ces deux choses nous paraîtront également impossibles. Mais si nous reconnaissons que le pouvoir de la divinité est infiniment supérieur au nôtre, non-seulement ces choses sont possibles, mais encore elles lui sont faciles, et l'une autant que l'autre.

Il fut un temps où l'on croyait que notre globe comprenait tout l'univers; et que le Créateur, en formant le soleil, la lune et les étoiles, n'avait eu d'autre but que d'éclairer et d'embellir ce séjour où nous sommes placés. Or, si dans cette hypothèse, on ne trouve aucune difficulté à concevoir que le Tout-Puissant surveille les affaires terrestres, et prépare des moyens d'un bonheur présent et futur pour l'homme, à l'empire duquel il a tout assujéti, comment sera-t-il plus difficile à l'astronome éclairé de concevoir que le Créateur de tous les mondes doit être également puissant, pour conserver les innombrables ouvrages qui sont sortis de ses mains, et également attentif à en prendre soin ? Tel doit être l'effet de chaque découverte nouvelle dans le monde visible, qu'elle élève nos sentimens de piété, et qu'elle leur donne un nouveau degré de vivacité : et plus nous apercevons que les œuvres de Dieu sont immenses, plus nous devons être saisis d'un religieux étonnement quand nous contemplons son essence infinie, éternelle et universelle [T].

Des écrivains amis du paradoxe s'étaient flattés que l'incrédulité augmenterait à mesure que la philosophie ferait des progrès. Un auteur de ces derniers temps, qui avait embrassé cette opinion, s'exprimait sur ce sujet d'un ton si tranchant, qu'il annonça plus d'une fois, à ce qu'on m'a rapporté, que le christianisme finirait avec son siècle. Je souhaite qu'il ait assez vécu pour reconnaître sa méprise. L'art du sophiste peut ébranler la croyance des individus ; mais la croyance des nations n'est pas aussi facilement renversée; et les fausses subtilités ne tiennent pas long-temps contre le sens commun. Notre religion n'a rien à redouter de la vraie philosophie, et du libre usage de la saine raison. Plus on mettra d'attention et de bonne foi à l'étudier, plus on en verra briller la vérité et la beauté. Partout où la religion et la nature humaine sont bien connues, elles se trouvent si admirablement enchaînées l'une à l'autre, que le chrétien ne doit pas craindre, et que l'incrédule espère en vain de les voir jamais séparées. Dieu les a étroitement unies, et il n'est pas au pouvoir de l'homme de détruire son ouvrage. Si nous considérions attentivement la nature humaine et le génie de l'Évangile, nous aurions encore lieu de nous réjouir dans cette espérance, lors même qu'une autorité suprême n'aurait pas déclaré que *les portes de l'enfer ne prévaudront jamais contre l'Église de Jésus-Christ.*

L'estomac qui transforme les alimens en poison ne peut qu'être dépravé ; et l'on ne peut considérer comme sain, l'œil qu'éblouit ou qu'aveugle l'éclat du jour. L'entendement de cet homme qui convertit la science en incrédulité, et qui méconnaît son Dieu à proportion que le monde s'éclaire de la connaissance de ses œuvres, n'est évidemment ni plus sain, ni moins dépravé. Il est possible qu'à force de subtilités, des écrivains sophistiques arrivent enfin à un scepticisme complet : il se peut qu'ils acquièrent une merveilleuse habileté à dénaturer les faits, et à abuser du langage. Mais je ne sais si l'on pourrait citer un seul exemple d'un esprit vraiment philosophique, qui ait bien connu le christianisme et qui n'en ait pas admis la vérité [U].

FIN DU CHAPITRE TROISIÈME.

NOTES
DU
CHAPITRE TROISIÈME.

[A] C'est une chose digne d'être remarquée, qu'en France surtout la plupart des écrivains dont les ouvrages portent le cachet de l'incrédulité, ont constamment confondu les altérations du christianisme, le christianisme tel que l'ont fait les papes et les conciles, avec le christianisme lui-même, le christianisme tel que nous l'ont laissé Jésus et les apôtres. Leurs difficultés et leurs objections roulent presque toutes sur des dogmes et sur des préceptes qui ont été successivement ajoutés aux dogmes et aux préceptes du pur évangile, dont plusieurs de ces écrivains paraissent avoir peu de connaissance. Il n'est qu'un bien petit nombre d'incrédules qui aient attaqué ou qui attaquent au milieu de nous le christianisme jusque dans sa base; et c'est un hommage que nous devons rendre à notre siècle, que leur nombre diminue chaque jour. Un retour prononcé vers les saines idées religieuses, vers une instruction sévère et solide, nous semble être le caractère dominant de l'époque actuelle. Il est sûr au moins qu'à aucune autre époque, quoiqu'en disent un petit nombre de détracteurs obscurs, la religion *pure et sans tache*, la religion dégagée de tout alliage impur, également éloignée de la superstition dont on ne veut plus, et du fanatisme qu'on repousserait avec horreur, « n'obtint plus de respect et ne fut en butte à moins d'outrages. Les ouvrages anti-religieux, comme l'a très-bien dit l'élégant écrivain que nous citons ici, les ouvrages anti-religieux sont aujourd'hui d'aussi mauvais goût qu'ils étaient de bon ton à une autre époque ; les études sont devenues trop sérieuses, trop profondes, pour s'accommoder de livres qui ne convenaient qu'à l'ignorance et au goût blasé d'hommes frivoles et superficiels. »

[B] « Parce que les hommes peuvent abuser de l'imprimerie, comme on abuse de l'écriture ou de la parole, faut-il nous priver d'une invention aussi précieuse ? J'aimerais autant, dit Voltaire, qu'on nous rendît muets, pour nous empêcher de faire de mauvais argumens ; qu'on nous défendît de boire, dans la crainte que quelqu'un ne s'enivrât ; ou qu'on ôtât à l'homme tout son sang, parce qu'il peut tomber en apoplexie : tout cela n'est autre chose qu'une méprise et une fausse conclusion du particulier au général. »

[C] Qu'il nous soit permis de faire ici un petit rapprochement trop frappant pour être passé sous silence. « Ces grandes secousses, ces ébranlemens terribles, ces commotions qui agitèrent l'Eglise, dit un écrivain catholique de l'époque actuelle, Dieu ne les a permis que pour nettoyer son champ. Elles furent ce que sont les torrens à l'égard d'un fleuve dont le cours est arrêté par des sables amoncelés ; leur rapidité emportant les obstacles, le fleuve, alors dégagé, coule majestueusement et à plein canal. Ainsi *les hérétiques* (c'est un grand-vicaire qui parle), en dégageant la vérité du limon de l'erreur, facilitèrent son cours ; et en donnant lieu à des examens publics et rigoureux, ils la séparèrent de tout ce qui n'est pas elle. » (*Les Apologistes involontaires*, par M. Merault, grand-vicaire d'Orléans.) Je laisse aux hommes éclairés et judicieux le soin de faire l'application. Ceux qui croiraient ne pas avoir des données suffisantes pour asseoir leur jugement, pourront consulter avec fruit sur ce sujet le célèbre ouvrage de Charles Villers *sur l'Influence de la réformation*, et l'intéressante biographie d'Ulric Zwingle, réformateur de la Suisse, par M. Hess.

[D] Il est sûr que la situation actuelle du globe, l'état des sciences et des lettres, les institutions sociales et religieuses, ne peuvent plus être comparées à ce qu'elles étaient autrefois. Les découvertes des siècles modernes, l'imprimerie entre autres, ont donné à la marche des choses un mouvement que rien ne saurait arrêter. Et comme l'a très-bien dit un éloquent orateur : « De toutes les entreprises, la plus insensée aujourd'hui serait de vouloir faire rétrograder l'esprit humain. Nulle force sur la terre ne saurait repousser en arrière le flambeau sacré qui éclaire le globe...... Il n'est plus au pouvoir des barbares de brûler la bibliothèque d'Alexandrie. Alexandrie est partout, et ses nombreuses bibliothèques couvrent la surface des deux hémisphères. L'imprimerie a donné une vie nouvelle à la société. »

[E] « On pourrait produire aisément, dit d'Alembert dans son Éloge de Bernouilli, la liste des grands hommes qui ont regardé la religion comme l'ouvrage de Dieu ; liste capable d'ébranler, même avant l'examen, les meilleurs esprits ; mais suffisant au moins pour imposer silence à une foule de conjurés, ennemis impuissans de quelques vérités nécessaires aux hommes, que Pascal a défendues, que Newton croyait, que Descartes a respectées. »

« Pascal, Bossuet, Fénélon, dit Voltaire, c'est-à-dire les hommes de la terre les plus éclairés, dans le plus philosophique de tous les siècles, dans la force de leur esprit et de leur âge, ont cru en J. C. »

Mais sans nous arrêter à ceux qui par état ou par devoir ont plaidé la cause de l'Évangile, on peut dire que cette cause a été défendue par les plus illustres des philosophes modernes. Bacon, qui dans son vaste génie embrassa l'ensemble des connaissances humaines, et dont l'admirable tableau fait encore aujourd'hui le plus bel ornement de l'Encyclopédie; Newton qui, comme on l'a dit, « saisit la nature sur le fait et dont les esprits célestes durent être jaloux; » Descartes, qui attaque avec tant de vigueur les préjugés de son siècle ; Boerhave, cet illustre flambeau de la médecine ; l'immortel auteur des *Provinciales,* qui distingua si bien l'apparence de la réalité, et qui foudroya avec tant de succès l'hypocrisie et l'ambition d'un ordre trop fameux; et pour ne pas entrer dans de plus grands détails, Locke, Bayle, Leibnitz, Grotius, Wolf, Euler, Trembley, Montesquieu, Bonnet, Haller, Addison, Necker, etc. sans compter les Wilberforce, les Dégérando, les Cuvier, les Kératry et une foule d'autres hommes distingués de l'époque actuelle, que nous nous abstenons de nommer, tous se sont prononcés en faveur de l'Évangile, et prosternés au nom de Jésus. Et c'est une circonstance remarquable (cette dernière observation est de M. Stapfer) « qu'aucun d'eux n'a été déterminé par des devoirs d'état et des vues d'ambition. »

[F] Quelques personnes semblent le penser ; elles paraissent redouter tout développement des jeunes esprits, et elles demandent au nom même de la religion, l'assoupissement de l'intelligence humaine et la nuit profonde de l'âme. Cette erreur, qui n'est malheureusement que trop commune, et qui ne se décèle que trop par une opposition hostile et par les sarcasmes scandaleux, pour ne rien dire de plus, lancés de nos jours avec une sorte de fureur contre l'instruction élémentaire mise à la portée des dernières classes, contre l'enseignement mutuel, les sociétés bibliques et autres moyens de propager les lumières indispensables pour la direction morale de chaque individu; cette erreur, dis-je, a été victorieusement réfutée dans plusieurs écrits remarquables, et entre autres dans un discours intitulé : *De la nécessité de cultiver l'intelligence des enfans pour en faire des chrétiens*, prononcé à la distribution des prix de l'école de Fribourg en Suisse, le 30 août 1821, par le P. Girard, de l'ordre des Cordeliers. Nous nous contenterons d'indiquer ici sous forme d'analyse, quelques-uns des argumens de l'auteur.

L'intelligence est un talent qui nous est donné pour le faire valoir comme tous les autres, et qu'il n'est jamais permis d'enfouir. Sa culture ne peut donc pas être funeste à la religion; car le Créateur qui nous a donné l'une et l'autre, ne peut se contredire.— C'est une véritable révolte contre l'Etre suprême, que d'entreprendre d'étouffer l'intelligence de la jeunesse.— La brute est sans religion, parce qu'elle est sans intelligence; l'intelligence chez l'homme est mère de la piété. — La piété n'est pourtant pas le résultat nécessaire de toute culture d'esprit; mais est-ce la culture d'esprit qu'il faut accuser? Le Sauveur n'en accusait que les passions et la mauvaise conscience. Il est incontestablement vrai que le développement de l'intelligence est la condition absolument nécessaire du développement de la piété.— Si la récitation d'un formulaire de croyance et l'observance de certaines pratiques constituaient la religion, il serait bon de laisser le jeune chrétien dans l'assoupissement de sa raison, de peur qu'en s'éveillant il ne comprît que sa prétendue religion n'est qu'un vain fantôme indigne de Dieu et de l'homme.— *L'homme animal*, dit l'Ecriture, *ne comprend pas ce qui est de l'esprit;* il n'adresse au Créateur qu'un hommage de cérémonies et de mots. Pour être chrétien, il faut de la maturité dans l'intelligence, parce que le christianisme est la religion de l'homme éclairé. — L'histoire de l'église prouve que le flambeau de la foi fut toujours plus ou moins brillant, selon que l'esprit fut plus ou moins cultivé. — Tout est sublime et grand dans l'adoration chrétienne, ce qui suppose un grand développement de l'intelligence ; autrement la religion n'est qu'une science de mots. — Pour adorer il faut croire ; pour croire il faut penser. La foi chrétienne est si peu possible sans le développement intellectuel, qu'elle est elle-même la raison la plus éclairée et la plus vigoureuse. — L'adoration n'est autre chose que la plus haute sagesse, passant de l'esprit dans le cœur et du cœur dans la conduite. Il faut donc cultiver les facultés intellectuelles des enfans, si l'on veut qu'ils deviennent de *véritables adorateurs en esprit et en vérité*. Toute autre méthode est mal entendue, et ne produira autre chose que cette piété extérieure que l'Évangile déclare insuffisante et vaine. — Plus on désire que l'enfant pense, sente et agisse en chrétien, plus on doit aider le développement de son intelligence : autrement il s'arrêtera toujours, dans la religion, aux petites choses, parce qu'elles seront seules à sa portée ; il s'attachera minutieusement aux traditions humaines, et négligera les grands commandemens de Dieu, *la justice, la miséricorde* et *la fidélité*.—Imprudent, et fier en proportion qu'il sera borné, il se trouvera toujours disposé à blâmer le bien qu'il n'aura pas conçu et à entraver celui qu'il ne saurait comprendre.—Si le feu du zèle s'allume jamais dans son âme, il persécutera au nom du ciel.

« Que sont dans leur origine, dit l'auteur en terminant, tous les vices qui souillent notre âme, qui tourmentent notre vie, et qui nous empêchent d'adorer le Père *en esprit et en vérité?* Tous ensemble partent des ténèbres et de la faiblesse de notre esprit. Nous ne voyons pas les choses comme elles sont; nous faisons de faux calculs, ou nous ne calculons pas du tout; et le cœur est mauvais, parce que l'esprit manque de lumière ou qu'il n'a pas la force de retenir les lueurs passagères qui viennent parfois l'éclairer. »

[G] On peut avoir recours ici pour de plus amples détails au savant ouvrage de l'évêque Butler, qui a pour titre: *Analogie de la religion naturelle et révélée avec l'ordre et le cours de la nature* (traduit en français, 1821) chap. IV, V et VI. On verra dans cet ouvrage que les mêmes choses qu'on objecte contre le christianisme, peuvent s'objecter aussi contre le cours de la nature; et que par conséquent le même Dieu qui est l'auteur de la nature, peut être aussi l'auteur du christianisme. « Un homme, dit le D. Chalmers d'après

Butler, ne serait donc point fondé à garder son théisme, s'il rejetait le christianisme pour des difficultés auxquelles la religion naturelle est également sujette. Si le christianisme nous dit que la faute d'un père a introduit dans sa postérité la souffrance et le vice, c'est ce que nous voyons arriver mille fois dans les familles qui nous entourent. S'il nous dit que l'innocent a souffert pour le coupable, il ne nous dit rien que toute l'histoire et toutes nos observations ne nous aient rendu familier. S'il nous dit qu'une portion de la race humaine a obtenu par une distinction qui lui a été accordée d'en haut, des connaissances ou des priviléges supérieurs, c'est une inégalité de plus, ajoutée à ces nombreuses inégalités, que nous remarquons tous les jours dans les dons de la nature, de la fortune et de la Providence. En un mot, sans enrer dans tous les détails de cet argument, que Butler a développé de main de maître, on ne peut faire une seule objection contre le Dieu du christianisme, que l'on ne doive faire aussi, si l'on veut être conséquent, contre le Dieu de la nature. Si le christianisme est indigne de Dieu, la nature l'est aussi; et si malgré toutes ces difficultés, vous restez persuadés qu'il y a un Dieu de la nature, il n'est ni juste, ni raisonnable de permettre qu'elles l'emportent sur les preuves positives et sur les témoignages nombreux, par lesquels on établit que le même Dieu est aussi le Dieu du christianisme. » (CHALMERS, *Des Preuves et de l'autorité de la révélation chrétienne*, traduit en français par M. F. VINCENT. Nîmes, 1818, in-8.)

[H] « On ne saurait, dit J.-J. Rousseau, attaquer trop fortement la superstition qui trouble la société, ni trop respecter la religion qui la soutient.

Détestons ces monstres, dit Voltaire en parlant de la superstition et du fanatisme, qui ont toujours déchiré le sein de leur mère. Ceux qui les combattent sont les bienfaiteurs du genre humain; ce sont des serpens qui entourent la religion dans leurs replis, il faut leur écraser la tête sans blesser celle qu'ils infectent et qu'ils dévorent. »

De deux maux il faut choisir le moindre. C'est encore l'opinion de M. de Voltaire, que vu la perversité du genre humain, il lui serait peut-être plus avantageux d'être subjugué par la superstition que de vivre sans religion.

Ajoutons qu'il n'est pas certain qu'en arrachant la religion du cœur de l'homme, on l'affranchisse de toute superstition. L'expérience a démontré plus d'une fois qu'on pouvait être en même temps impie et superstitieux. N'a-t-on pas vu nombre de prétendus esprits-forts qui niaient nos miracles et rejetaient nos prophéties, interroger les calculs de l'astrologie judiciaire, consulter les devins ou les oracles de Nostradamus, ajouter foi aux visions ou aux apparitions des revenans, « plus de douze attroupés craindre le nombre impair, » et donner en un mot dans tous les écarts de la plus puérile et de la plus grossière superstition. »

On peut consulter à ce sujet l'article *Superstition* dans le livre intitulé *Les Apologistes involontaires*, publié en 1820 par M. Merault, grand-vicaire et supérieur du séminaire d'Orléans, qui a mis à exécution l'heureuse idée de prouver et de défendre la religion chrétienne par les objections mêmes des incrédules; cet ouvrage, auquel nous avons déjà emprunté dans une précédente note une belle apologie de la réformation, apologie sans doute un peu involontaire; cet ouvrage, dis-je, bien qu'il s'y soit glissé quelques erreurs, et que l'auteur se soit permis certaines assertions tout au moins hasardées, offre sur plusieurs points des réflexions et surtout des recherches intéressantes; et quoiqu'il ne puisse être mis sur la même ligne que les savans traités des Abbadie, des Vernet, des Charles Bonnet, des Paley, des Butler, des Chalmers et de quelques autres apologistes du christianisme, il mérite toutefois de trouver place dans la bibliothèque du chrétien qui a le désir de s'éclairer, et qui veut asseoir sa croyance sur une base plus solide que celle d'une aveugle autorité.

[I] Consultez à ce sujet les *Lettres de quelques Juifs portugais, allemands et polonais* à M. de Voltaire, ouvrage qui devrait toujours précéder ou accompagner pour les jeunes gens, la lecture de cet illustre écrivain, et surtout des écrits où il parle de religion.

[J] Quelques personnes ont cru devoir faire un reproche à l'auteur d'être un peu sorti, à la fin de la première objection ainsi que dans quelques points de sa réponse à la seconde, des bornes de cette sagesse prudente, de cette douceur et de cette modération chrétienne qui caractérisent le reste de son ouvrage : on a relevé quelques expressions un peu virulentes, et peut-être ce reproche est-il fondé jusqu'à un certain point. Cependant si l'on se pénètre bien de la gravité du sujet, de son importance relativement à la conduite et au bonheur de l'homme; si l'on réfléchi aux funestes conséquences qui résulteraient du système de ses adversaires, à la mauvaise foi de quelques-uns d'entre eux, aux indécentes railleries auxquelles ils se sont quelquefois abaissés; on sentira que ce n'est pas ici tout-à-fait le cas d'un homme qui s'emporte hors de propos, mais que la conduite de l'auteur est au moins motivée. C'est l'indignation d'un homme de bien à qui l'on s'efforce d'enlever par tous les moyens possibles, ce qu'il a au monde de plus précieux, son bonheur présent et à venir. « Le moyen, dit J.-J. Rousseau, de parler sans émotion de ce qui ébranle les fondemens de la société. »

Nous ne croyons pouvoir mieux achever de justifier ce mouvement d'indignation qui a entraîné l'auteur, qu'en ajoutant ici en forme d'apendice, quelques pages tirées de la *Confidence philosophique*. Elles feront mieux ressortir tout l'odieux et le néant du système des incrédules; et elles montreront que les criminelles attaques qu'ils dirigent contre la religion ne peuvent que « substituer l'anxiété du doute aux paisibles douceurs de la persuasion, et ne tendent à rien moins, comme l'affirme Hume (et cette autorité n'est pas suspecte), qu'à faire de *mauvais politiques* et de *mauvais citoyens* ; puisqu'en s'efforçant de détromper les hommes sur une vie à venir, on ôte aux passions leur frein, et qu'on enhardit ceux à qui l'on s'adresse, à violer les lois de la société et de l'équité. »

Mais est-il besoin d'autorités pour se convaincre que c'est nuire à la société que d'ôter ou d'affaiblir la croyance à des peines et à des récompenses après la mort?... Le sens commun ne le crie-t-il pas à haute voix? Dis-moi, jeune homme! crois-tu que ce monarque, à la tête de cent mille soldats, sera moins tenté de faire d'injustes conquêtes, quand tu lui auras prouvé qu'il ne rendra aucun compte des flots de sang dont il aura inondé la terre? Crois-tu que le magistrat sera plus scrupuleusement juste, quand tu l'auras convaincu qu'aucun supérieur ne fera la révision de ses arrêts? Crois-tu que moi, militaire, je serai plus courageux, plus intrépide, lorsque je saurai qu'en mourant pour ma patrie, je n'aurai que le néant pour récompense? Crois-tu que ma femme sera plus fidèle, plus attachée à ses devoirs, si elle est persuadée que les œuvres des ténèbres ne seront jamais exposées au grand jour? Crois-tu que ce négociant cherchera moins à tromper, quand tu lui auras appris qu'il est le seul témoin de ses injustices, et qu'elles demeureront impunies? Crois-tu que ce riche sera plus porté à essuyer en secret les larmes d'un infortuné, s'il se dit à lui-même, que son action ensevelie dans des ombres éternelles, ne sera jamais récompensée? Crois-tu que cet homme sera plus fidèle à rendre un dépôt, et que ce pauvre sera moins tenté de sortir de la misère par le larcin, si tu leur as démontré, que, dès qu'on échappe aux recherches de la justice humaine, on n'a plus rien à redouter? En un mot, crois-tu qu'un homme qui borne sa félicité à cette vie, ne s'estimerait pas insensé, et ne le serait pas réellement, s'il avait d'autre règle de conduite que son *intérêt* et son *plaisir?* comment lui persuaderais-tu que cette règle n'est pas la seule qu'il doive suivre, lorsqu'il peut le faire sans crainte, quoiqu'aux dépens des autres hommes? Écoute ce qu'a dit, à ce sujet, un des plus grands écrivains de ce siècle.

« Pourquoi de la *vertu*? où sera sa récompense? et sans récompense que devient son être?...... La vertu n'est que l'amour de nos vrais intérêts, et la recherche éclairée de notre bien-être. Mais s'il n'y a rien à espérer après la mort, quel sera le véritable intérêt de l'homme? n'est-ce pas alors de s'attacher à tout ce qui peut le rendre heureux dans la vie? Quelquefois, le vice est notre ami dans le présent; c'est notre souverain bien, saisissons-le. Le crime est dans la vertu qui refuse le bonheur qu'il procure. Dès que la raison est déshéritée dans l'avenir, les sens deviennent nos seuls maîtres légitimes...... J'avoue que la sainte image de la vertu nous offre des charmes qui nous attirent, et que même ici-bas elle a ses plaisirs. Mais n'exagérons pas les richesses qu'elle tire de son propre fonds. La solde chétive qu'elle reçoit sur la terre ne peut la payer de ses peines et de ses combats. Si elle n'a rien de plus à espérer, en l'admirant nous choisirons un crime utile, et l'intérêt personnel forcera toujours notre préférence. Que sert-il de croire un Dieu, sans les récompenses et les peines qui le font adorer? C'est l'espérance et la crainte qui arment la conscience. Détruisez leur objet dans l'avenir; notre devoir est de n'aimer que nous dans le présent. Que ne trahis-tu ton pays? Que n'égorges-tu ton père trop lent à mourir, et qui te retient si long-temps ton héritage? Que le genre humain périsse, si sa ruine ajoute à notre bonheur! »

Je ne puis me défendre d'un mouvement d'indignation, quand je pense aux coups redoublés que l'on porte, depuis quelque temps, au christianisme, avec un acharnement qui tient de la fureur! Si du moins les incrédules, en renversant d'un côté, élevaient d'un autre! Si, à la place de l'Évangile, ils donnaient un code de religion, plus rempli de saines idées sur la divinité, plus détaillé sur nos devoirs, plus encourageant pour l'homme de bien, plus effrayant pour le vicieux, plus consolant pour l'infortuné, plus propre à rendre les hommes heureux sur la terre, et à étancher cette soif d'immortalité que la nature a mise au fond de leur âme! On serait tenté de croire qu'on leur a cette obligation, en voyant les noms qu'ils se donnent réciproquement dans leurs écrits, de *précepteurs du genre humain*, de *flambeaux des nations*, de *bienfaiteurs des hommes*! On s'attend à trouver dans leurs ouvrages tout ce qui peut satisfaire pleinement l'esprit et le cœur; mais que l'on est trompé dans son attente!

J'apprends de celui-ci, « que le monde est une des combinaisons infinies du hasard; » de celui-là, « que Dieu et le monde sont une seule et même chose. » L'un me dit crûment, « qu'il n'y a point de Dieu. » L'autre « qu'il y en a un, mais dont l'indolence et le repos sont l'apanage et la félicité. » Ici, je lis, « que l'homme est machine, plante, plus que machine. » Là « que si je ne suis pas un bœuf, j'en dois rendre grâce à mon organisation. » Celui-ci me déclare « qu'admettre une Providence, c'est assujétir l'auteur de la nature à des attentions pénibles et continuelles, pour un dessein aussi petit que la conservation de l'univers. » Celui-là, « que dans un siècle aussi éclairé que le nôtre, il est démontré par mille preuves sans réplique, qu'il n'y a qu'une vie et qu'une félicité; et que l'orgueilleux monarque meurt tout entier, comme le sujet modeste et le chien fidèle. » Ici l'on m'assure « que la religion naturelle suffit à l'homme. » Là, on me dit « qu'il n'existe point de religion naturelle; que la nature ne peut point nous découvrir de système religieux, que l'expérience et la raison ne peuvent point en produire; que toute religion est, par son essence, toujours en contradiction avec la nature et avec elle-même. » Conflit, anarchie d'opinions! De sorte qu'après la lecture de ces ouvrages si pompeusement annoncés, je me retrouve dans les ténèbres du paganisme; je ne sais, ni d'où je sors, ni ce que je suis, ni ce que je dois faire, ni ce que j'ai à craindre ou à espérer après la mort. Si je m'arrête à ce en quoi le plus grand nombre de ces philosophes semble s'accorder, je vois qu'aux idées nobles et relevées que le christianisme me fait concevoir de l'homme, je suis forcé d'en substituer d'autres qui le laissent au milieu de cet univers comme dans un désert immense, qui le dégradent et l'avilissent, qui le font ramper sur la terre avec la brute, lui donnent à peu près la même destination pendant sa vie, et le même partage à la mort.

« Ah! l'affreuse lumière que celle qui ne me frappe que pour me jeter dans des doutes et des perplexités; que pour me donner de moi-même des sentimens vils et abjects; que pour m'ôter les plus puissans motifs à la vertu; que pour m'arracher toute consolation dans les adversités; que pour ne me montrer après trois ou quatre jours d'existence souvent malheureuse, que la destruction totale de mon être, et l'éternelle séparation de tous les objets auxquels mon cœur est lié sur la terre! cruelle philosophie! (on sait de quelle philosophie il est ici question; ce n'est pas celle des Dégérando et des Cousin, etc.) Ton odieux flambeau est semblable à l'éclair, qui ne brille, au sein de l'obscurité et de la tempête, que pour offrir un spectacle d'épouvante et d'horreur.

Non, il n'est pas possible de concevoir comment un homme peut entrer dans son cabinet, prendre tranquillement sa plume, et consacrer ses talens à la ruine d'une religion qui, prise dans sa source (remarquez bien cette condition), donne de Dieu les idées les plus saines et les plus sublimes ; — qui élève et honore la nature humaine, par l'origine céleste qu'elle lui assigne ; — qui fait du devoir *d'aimer Dieu et les hommes*, le premier et le plus grand des devoirs ; — qui rendrait la société aussi heureuse qu'elle peut l'être, si les lois qu'elle prescrit étaient scrupuleusement observées ; puisqu'on ne verrait que des princes justes et équitables, des sujets affectionnés et soumis, des riches bienfaisans, des pauvres laborieux et patiens, des négocians intègres, des maîtres humains, des domestiques fidèles ; — d'une religion qui offre à l'homme faible, des ressources après ses fautes ; à l'homme affligé, des consolations ; à l'homme mortel, l'espérance d'une vie qui n'aura point de fin. Comment, en particulier, cet homme peut-il soutenir cette pensée ? « Je vais éteindre ce rayon de lumière qui, perçant jusque dans les cachots de la vertu opprimée, la conforte et la restaure. Je vais ôter toute consolation à cet époux, à ce père, à cet ami, qui pleurent sur la tombe de ces personnes que la mort vient de leur enlever. Je les vois se soulager par la perspective de bonheur et de réunion que l'Évangile leur présente. Afin de les désespérer, je vais leur dire: *cette poudre que tu arroses de larmes, sera éternellement poudre! ces personnes chéries sont pour toujours entre les serres de la mort! Le néant est leur partage, comme il sera le tien!...* Homme barbare! lui crie cet infortuné qu'il poignarde, sous quel astre sinistre est-tu né? Dans quelle heure de désespoir as-tu reçu le jour? quelles furies ont agité ton imagination pour enfanter ce système destructeur des biens et des êtres? si tu te plais à former l'horrible vœu de l'anéantissement, à étouffer la voix de ta raison qui t'annonce l'immortalité, et celle de ton cœur qui la désire, savoure seul ce plaisir amer! cache-moi ce néant que j'abhorre! si mon espérance est illusoire, combien cette erreur m'est chère! que ce mensonge consolant serait encore préférable à la triste vérité! »

(*Confidence philosophique.*)

Lettre du capitaine Darington.

« S'il est des gens assez insensés pour s'élever contre l'opinion de l'existence d'un Dieu, s'ils ont l'âme assez desséchée pour n'être plus accessibles aux vérités consolantes qui découlent d'une si grande idée ; s'ils sont devenus sourds à la voix touchante de la nature ; s'ils se fient plus à leurs faibles raisonnemens qu'aux avertissemens de leur conscience, qu'ils ne répandent pas du moins leur désastreuse doctrine. Semblable à la tête de Méduse, elle transformerait tout en pierre. Qu'ils éloignent de nous ce monstre effrayant! »

(NECKER, *Importance des opinions religieuses.*)

On pourrait demander ici à certains écrivains qui montrent un zèle si ardent pour la défense de leur cause, s'il est bien juste de reprocher à ceux qui professent des principes tels que ceux que notre auteur établit, « de se montrer intolérans. » Or, ce serait aujourd'hui donner une grande preuve d'ignorance ou de mauvaise foi, que de ne pas reconnaître que ce sont là les principes qui dirigent les réformés. Au reste, de pareilles accusations tombent d'elles-mêmes : elles paraissent quelquefois si extravagantes et si déraisonnables à ceux-là même qui les mettent en avant, qu'ils semblent se charger du soin de les réfuter. Serait-ce en effet nous montrer intolérans, tout en laissant à chacun sa croyance, que de « nous refuser » dans ce qui nous concerne, comme le dit fort bien l'auteur que nous avons en vue « au mélange de l'erreur avec une doctrine pure et sans tache, et à *l'alliage d'opinions humaines* et désastreuses, *avec un enseignement divin* et salutaire. » Voyez *les Apologistes involontaires*, pag. 79 pour l'accusation, et pag. 82 pour la réponse.

Nous n'ajouterons qu'un mot qui nous paraît décisif; il est de saint Paul. « Mais quand nous vous annoncerions nous-mêmes, dit ce grand apôtre au Chap. Ier de son épître aux Galates, vers. 8 et suiv., ou quand un ange venu du ciel vous annoncerait un Évangile différent de celui que nous vous avons annoncé, qu'il soit anathème.» Et comme s'il craignait qu'on pût se méprendre sur le sens de ses paroles, « je vous l'ai dit, ajoute-t-il, et je vous le dis encore une fois : si quelqu'un vous annonce un Évangile différent de celui que vous avez reçu, qu'il soit anathème. Je vous déclare que l'Évangile que je vous ai prêché n'a rien de l'homme. »

« Sed licet nos, aut Angelus de cœlo evangelizet vobis præterquam quod evangelizavimus vobis, anathema sit (id est nil commercii cum eo habeatis.) Sicut prædiximus, et nunc iterùm dico : Si quis vobis evangelizaverit prœter, etc. » *Nouveau Testament de Jésus-Christ*, édition de la vulgate, revue par ordre du Pape Sixte-Quint, et publiée sous l'approbation de Clément VIII.

A moins de récuser le témoignage et l'autorité de saint Paul, c'est-à-dire, à moins de rejeter l'Évangile lui-même, que nous admettons comme seule et unique règle de notre croyance, je ne vois pas trop ce que les La Mennais, les De Bonald, et autres écrivains qui, au dix-neuvième siècle, se déclarent encore nos agresseurs, auront à répondre.

Pour accuser les réformés *d'intolérance*, ou seulement pour leur donner avec quelque fondement le nom de *frères errans*, comme on affecte de le faire encore, il faut nécessairement de deux choses l'une, ou prouver que l'*église chrétienne évangélique*, dénomination sous laquelle viennent se classer les diverses communions, malgré les légères nuances qui les distinguent, qui ne reconnaissent d'autre autorité que l'écriture sainte, admet toutefois quelqu'autre règle que l'Évangile ; ou bien que l'Évangile renferme en soi des maximes d'intolérance ou des principes erronés. Or le monde est de nos jours trop éclairé pour que des assertions aussi étranges puissent se soutenir.

Nous reposant donc avec confiance d'un côté sur la force irrésistible de la vérité, et de l'autre sur les progrès toujours croissant des lumières ; et bien convaincus qu'*il vaut mieux obéir à Dieu qu'aux hommes*, nous sommes fondés, je pense, aussi long-temps qu'il ne nous sera pas démontré que l'Évangile n'est pas une révélation divine, ou qu'on ne nous aura pas convaincus d'avoir ajouté ou retranché au code sacré, nous sommes fondés à nous en tenir fermement à l'Évangile, qui seul *est divinement inspiré;* et à rejeter comme désastreuses ou tout au moins comme inutiles, ces vaines traditions qui, suivant le Sauveur lui-même, *ne sont que des commandemens d'homme.*

[K] « Si les différentes pièces de la déposition avaient été plus semblables entre elles,... n'aurais-je point eu lieu de soupçonner qu'elles partaient toutes de la même main ou qu'elles avaient été copiées les unes sur les autres ? et ce soupçon, aussi légitime que naturel, n'aurait-il pas infirmé, à mes yeux, la validité de la déposition ?

C. BONNET.

[L] « Serait-il possible, se demande à lui-même l'auteur des *Recherches philosophiques,* que ces pêcheurs qui passent pour faire d'aussi grandes choses que leur maître; qui disent aux boiteux *lève-toi et marche,* n'aient pas le plus petit germe de vanité, et qu'ils dédaignent les applaudissemens du peuple spectateur de leurs prodiges ?

C'est donc avec autant d'admiration que de surprise, que je lis ces paroles : *Israélites! pourquoi vous étonnez-vous de ceci? et pourquoi avez-vous les yeux attachés sur nous, comme si c'é-*

tait par notre propre puissance, ou par notre piété, que nous eussions fait marcher cet homme? (Act. III. 12.) A ce trait si caractéristique, méconnaîtrais-je l'expression de l'humilité, du désintéressement, de la vérité? Quels sont donc ces hommes, qui lorsque la nature obéit à leur voix, craignent qu'on n'attribue cette obéissance à *leur puissance* ou à *leur piété?* Comment récuserais-je de pareils témoins? comment concevrais-je qu'on puisse inventer de semblables choses?

[M] « Objecterai-je, dit le philosophe que nous avons déjà cité, que la doctrine de l'envoyé n'est point favorable *au patriotisme, et qu'elle n'est propre qu'à faire des esclaves?* Ne serais-je pas démenti sur-le-champ par l'histoire fidèle de son établissement et de ses progrès? était-il des sujets plus soumis, des citoyens plus vertueux, des âmes plus généreuses, des soldats plus intrépides que ces hommes nouveaux répandus dans tout l'état, persécutés partout, toujours humains, toujours bienfaisans, toujours fidèles au prince et à ses ministres? Si la source la plus pure de la grandeur d'âme est dans le sentiment vif et profond de la noblesse de son être, quelle ne sera pas la grandeur d'âme et l'élévation des pensées d'un être dont les vues ne sont point renfermées dans les limites du temps!

« Répéterai-je que de véritables disciples de l'envoyé *ne formeraient pas un état qui pût subsister?* « Pourquoi non, répond un vrai sage, qui savait apprécier les choses, et qui ne peut être soupçonné ni de crédulité ni de partialité; pourquoi non? ce seraient des citoyens infiniment éclairés sur leurs devoirs, et qui auraient un très-grand zèle pour les remplir; ils sentiraient très-bien les droits de la défense naturelle ; plus ils croiraient devoir à la religion, plus ils penseraient devoir à la patrie. Les principes de cette religion bien gravés dans le cœur seraient infiniment plus forts que ce faux honneur des monarchies, ces vertus humaines des républiques, et cette crainte servile des états despotiques. »

(MONTESQUIEU, *Esprit des lois*,
Liv. XXIV. Chap. VI.)

Gustave Adolphe disait qu'un bon chrétien ne peut être un mauvais soldat.

[N] Si l'Évangile ne prescrit rien de positif sur l'amitié, ce n'est pas qu'il proscrive ou désapprouve ce sentiment : bien au contraire, le caractère général de bienveillance et de charité que sa doctrine tend à imprimer au chrétien, nous y dispose tout naturellement. — L'amitié d'ailleurs est un sentiment reconnu et avoué de tout le monde ; il n'était donc nullement nécessaire de donner des préceptes sur ce qui est reçu généralement et sans aucune difficulté. Il eût été fort inutile de dire aux hommes : « *aimez ceux qui vous aiment;* » au lieu qu'il était essentiel de leur répéter : *aimez vos ennemis, bénissez ceux qui vous maudissent, faites du bien à ceux qui vous haïssent,* etc. *Si vous n'aimez que ceux qui vous aiment, quelle récompense méritez-vous? Si vous ne faites d'accueil qu'à vos frères, que faites-vous d'extraordinaire? les publicains n'en font-ils pas autant?* (Matth. V. 44-48.) De pareils préceptes supposent les autres. — Et quand cela ne serait pas, l'exemple du Sauveur lui-même, sa tendre amitié pour la famille de Lazare, et sa consolante prédilection pour son disciple bien-aimé, ne laissent aucune prise à l'objection.

Note de l'auteur.

[O] Juste-Lipse affirme (Stab. b. i. c. 12.) que les spectacles de gladiateurs coûtaient quelquefois à l'Europe vingt ou trente mille victimes dans l'espace d'un seul mois ; et que non-seulement les hommes, mais même les femmes de toutes les conditions, étaient passionnées pour ce genre de spectacle.

[P] « Combien de vertus domestiques, dit l'estimable auteur de la *Contemplation de la nature,* combien d'œuvres de miséricorde exercées dans le secret des cœurs, cette doctrine de vie n'a-t-elle pas produits et ne produit-elle pas encore ! Combien de Socrate et d'Epictète déguisés sous l'habit de vils artisans ! si toutefois un honnête artisan peut jamais être un homme vil. Combien cet artisan en sait-il plus sur les devoirs et sur la destination future de l'homme, que n'en surent Socrate et Epictète ! »

« Le stoïcisme, dit l'auteur de la Henriade, ne nous a donné qu'un Épictète, et la philosophie chrétienne forme des milliers d'Epictètes qui ne savent pas qu'ils le sont, et dont la vertu est poussée jusqu'à ignorer leur vertu même. »

[Q] « Que l'on se mette devant les yeux, dit l'immortel auteur de l'*Esprit des lois*, d'un côté les massacres continuels des rois et des chefs Grecs et Romains, et de l'autre la destruction des peuples et des villes par ces mêmes chefs : Timur et Gengiskan, qui ont dévasté l'Asie ; et nous verrons que nous devons à la religion, et dans le gouvernement un certain droit politique, et dans la guerre un certain droit des gens, que la nature humaine ne saurait assez reconnaître. »

C'est ce droit des gens qui fait que parmi nous la victoire laisse aux peuples vaincus ces grandes choses, la vie, la liberté, les lois, les biens, et toujours la religion, lorsqu'on ne s'aveugle pas soi-même. » *Esprit des lois,* Liv. XXIV. Chap. III.

[R] « Avancer, dit l'illustre écrivain que nous avons déjà cité, que la religion n'est pas un motif réprimant parce qu'elle ne réprime pas toujours, c'est avancer que les lois civiles ne sont pas un motif réprimant non plus. C'est mal raisonner contre la religion que de rassembler dans un grand ouvrage une longue énumération des maux qu'elle a produits, si l'on ne fait de même celle des biens qu'elle a faits. Si je voulais raconter tous les maux qu'ont produits dans le monde les lois civiles, la monarchie, le gouvernement républicain, je dirais des choses effroyables. » (*Esprit des lois,* Liv. XXIV. Chap. II.)

« Me plairai-je, ajouterons-nous avec Charles Bonnet, à exagérer les maux que cette doctrine a occasionés dans le monde ; les guerres cruelles qu'elle a fait naître ; le sang qu'elle a fait répandre ; les injustices atroces qu'elle a fait commettre ; les calamités de tout genre qui l'accompagnaient dans les premiers siècles et qui se sont reproduites dans des siècles fort postérieurs ; etc.? Mais confondrai-je jamais l'abus ou les suites accidentelles, et si l'on veut, nécessaires, d'une chose excellente, avec cette chose même ? Quoi donc ! était-ce bien une doctrine qui ne respire que douceur, miséricorde, charité, qui ordonnait ces horreurs ? était-ce bien une doctrine si pure, si sainte qui prescrivait ces crimes ? était-ce bien la parole du prince de la paix qui armait des frères contre des frères, et qui leur enseignait l'art infernal de raffiner tous les genres de supplices? Était-ce bien la tolérance elle-même, qui aiguisait les poignards, préparait les tortures, dressait les échafauds, allumait les bûchers? Non, je ne confondrai point les ténèbres avec la lumière, le fanatisme furieux avec l'aimable charité. Je sais que *la charité est patiente, et pleine de bonté; qu'elle n'est point envieuse, ni vaine ni insolente, qu'elle ne s'enfle point d'orgueil, ne fait rien de malhonnête, ne cherche point son intérêt particulier, ne s'irrite point, ne soupçonne point le mal, ne se réjouit point de l'injustice; mais se plaît à la droiture, excuse tout, espère tout, supporte tout.* (Ire Corinth. XIII. 4-7.) Non; celui qui *allait de lieu en lieu faisant du bien*, n'avait point armé d'un glaive homicide la main de ses enfans, et ne leur avait point dicté un code d'intolérance. Le plus doux, le plus compatissant et le plus juste des hommes n'avait point *soufflé* dans le cœur de ses disciples l'esprit de persécution; mais il l'avait *embrasé* du feu divin de la charité. (*Recherches philosophiques*, pag. 488 et suiv.)

Voyez aussi sur les effets qu'on attribue au christianisme, le Chap. VII de la troisième partie du *Tableau* de William Paley.

[S] Bien que placés dans un degré inférieur de

l'échelle des êtres, nous pouvons toutefois nous faire une idée jusqu'à un certain point de ce genre de bonheur, par l'espèce de joie que nous éprouvons en apprenant le succès du christianisme et les progrès de la civilisation chez les peuples sauvages, et par le vif intérêt qui nous attache à l'étude de la nature et des facultés de l'esprit humain.

[T] On ne pourra que nous savoir gré de rapprocher ici des raisonnemens de Beattie, la réponse que fait à la même objection l'un des hommes les plus distingués de l'Écosse, le célèbre docteur Chalmers, trop peu connu encore parmi nous.

« La science moderne, dit cet illustre écrivain, nous a appris l'existence de nouveaux soleils et de nouveaux systèmes de mondes; et par une singulière perversité de jugement, en reconnaissant que Dieu a pu dispenser les bienfaits de sa puissance et de sa bonté dans tous ces mondes, nous serions disposés à douter qu'il ait pu, ou qu'il ait voulu, répandre sur nous les bienfaits que nous annonce la révélation! Nous étendons les bornes de son empire, et par conséquent la conception de sa puissance; mais nous serions portés à croire que cette extension prodigieuse et nouvelle, doit nuire aux soins qu'il donne à chacun des mondes de sa création. Nous agrandissons les espaces, nous multiplions les objets, mais nous supposons une réduction proportionnelle dans la vigilance et la sollicitude du Créateur.

» Le sentiment habituel de notre incapacité pour saisir à la fois des objets divers, ne nous permet pas de concevoir parmi les attributs du Créateur, cette faculté dans une perfection infinie. L'illusion de notre faiblesse nous porte à resserrer la capacité de pourvoir et d'administrer en proportion de ce que nous reculons les bornes de l'empire........ Mais où découvrons-nous donc des traces de négligence, de fatigue ou d'oubli, dans l'action de la Providence divine? Est-il un seul détail de notre terre qui trahisse la lassitude, le relâchement ou la distraction, chez le conservateur universel des choses?....... Certes, si je considère les merveilles sans nombre de sa sagesse et de sa bonté; si je parcours la scène variée des miracles de sa puissance; si je contemple les preuves multipliées de ses desseins bienveillans envers ses créatures; si je réfléchis que le même Dieu qui tient dans sa main tous les systèmes de l'univers, donne aussi à chaque fleur, à chaque brin d'herbe, sa nourriture et son éclat; qu'enfin le moindre insecte semble être l'objet particulier de ses soins, ce ne sera pas en présence de tant de témoignages réunis, que j'accuserai d'invraisemblance la doctrine d'une révélation, d'une manifestation particulière des desseins de Dieu sur nous, et cela parce que les astronomes m'ont appris que des mondes jusqu'ici inconnus, appellent les soins de sa providence. Un passereau ne tombe point à terre sans sa volonté. Que les savans accumulent leurs sophismes, et cherchent à ébranler mon espoir, je ne perdrai point ma confiance en Dieu : je ne craindrai point, car je sais que je vaux mieux qu'un passereau.

» L'instrument d'optique qui rapproche les distances, a été la cause immédiate des découvertes dans les cieux ; et celles-ci ont fait naître l'objection de notre faiblesse. Un autre instrument d'optique y répond. Le télescope me fait conjecturer que chaque étoile est le centre d'un système de mondes : le microscope me fait découvrir un monde dans un atôme. Celui-là m'apprend que notre terre est comme un grain de sable dans l'espace infini : celui-ci me dit qu'une particule de matière comme un grain de sable, peut renfermer une population tout entière. Le télescope me prouve que notre globe est de peu d'importance dans le vaste système de l'univers : le microscope me démontre que ce globe a été l'objet de la sollicitude la plus merveilleuse ; que chaque feuille, chaque fleur, nourrit des myriades d'êtres organisés et sensibles. L'un me porte à penser qu'au-delà de tout ce que nos organes peuvent atteindre, le champ de la création s'étend sans bornes et sans fin : l'autre me fait conjecturer qu'au-dessous et au-delà de toutes les choses que l'œil peut saisir, il y a des mondes invisibles, et que si nous pouvions écarter le voile qui nous les dérobe, nous verrions que le Dieu de l'univers y trouve place encore pour l'exercice de sa puissance, de sa sagesse et de sa bonté.

» Ainsi donc, tandis que les efforts ingénieux de l'art nous transportent jusqu'à des distances qui épouvantent la pensée, les succès de ce même art nous montrent que rien n'est petit aux yeux de Dieu, que rien n'a été négligé, que tout est plein, que tout est soigné, que la vie est partout et que tout ce qui existe intéresse la Providence divine. »

Cette réponse, dont nous empruntons la traduction à la *Bibliothèque universelle* (livraison d'avril 1818) est tirée d'une *série de discours sur la révélation chrétienne envisagée dans ses rapports avec l'astronomie moderne*. Il est à regretter que cette production remarquable, dont la neuvième édition avait déjà paru en Angleterre en 1820, n'ait point encore été publiée dans notre langue. A l'exception de l'ouvrage sur les *Preuves et l'autorité de la révélation chrétienne*, dont M. Vincent nous a donné une excellente traduction, nous ne connaissons guère jusqu'ici que par fragmens les nombreux ouvrages du célèbre prédicateur de Glascow, l'apologiste sans contredit le plus distingué de l'époque actuelle.

[U] « J'ai tâché de pénétrer dans le fond de mon cœur, conclut Charles Bonnet en terminant ses *Recherches philosophiques sur les preuves du christianisme*, « j'ai tâché de pénétrer dans le fond de mon cœur, et comme je n'y ai découvert aucun motif secret qui puisse me porter à rejeter une doctrine si propre à suppléer à la faiblesse de ma raison, à me consoler dans mes épreuves, à perfectionner mon être, je reçois cette doctrine comme le plus grand bienfait que Dieu pût accorder aux hommes ; et je la recevrais encore, quand je ne la considérerais que comme le meilleur *Système de philosophie pratique.* »

FIN DES NOTES.

Nous croyons terminer dignement cet ouvrage, en y ajoutant ce fragment sur la nécessité d'admettre l'intervention de Dieu pour expliquer les rapides progrès de l'Évangile, tiré des Mélanges religieux, *année* 1822, *page* 85.

Si l'on conteste les miracles des premiers apôtres de la foi chrétienne, leur succès sera pour moi le plus grand de tous les miracles. Avec l'intervention de la divinité, tout s'explique dans les rapides progrès du christianisme ; mais sans elle tout est inconcevable, tout est miraculeux, dans cette immense et subite révolution des esprits et des cœurs. Je ne conçois pas, en effet, qu'un homme, né de parens pauvres, sans richesses, sans crédit, sans appui parmi les hommes, dépourvu de tout ce qui peut donner de l'influence dans le monde, qui pendant sa vie n'a pu trouver que quelques disciples obscurs, timides et tremblans, qu'une terreur panique a dispersés et rendus infidèles à leur maître; je ne puis concevoir qu'un tel homme, qui durant sa vie ne donne rien, qui ne laisse rien après sa mort, qui vit de la vie des pauvres et qui expire du supplice des malfaiteurs, trouve, après une vie obscure et une mort humiliante, des milliers et des millions de sectateurs qui s'immolent pour lui.

Je ne conçois pas mieux que douze hommes, nés dans un pays ignoré, et chez un peuple privé de toute influence politique, persécutés de leur propre nation, sortis des derniers rangs de la société, sans talens, sans éloquence, sans protecteurs et sans cliens, n'ayant rien à espérer pour eux-mêmes, rien à offrir à leurs disciples, aient formé tout-à-coup le projet inouï d'abolir toutes les religions établies, de détruire tous les préjugés, et d'élever sur leurs ruines l'édifice d'une religion qu'ils ont eux-mêmes inventée.

Non, je ne conçois point que de tels hommes, prêchant à des peuples corrompus une morale sévère, à des peuples charnels, les vérités et les maximes les plus sublimes, à des peuples superstitieux, le culte le plus simple et le plus pur; ne ménageant aucun préjugé, ne favorisant aucun intérêt terrestre; ne flattant aucune passion; annonçant, non les triomphes d'un roi conquérant, mais les flétrissures de leur chef; offrant non des trésors, mais la pauvreté, non des plaisirs, mais des persécutions, non des couronnes, mais une croix; ayant à lutter contre la fourbe et l'intérêt des prêtres païens, l'orgueil révolté des philosophes, le pouvoir des princes et la cruauté des tyrans; prêchant à cent peuples divers, sans avoir appris aucune langue; convertissant les villes et les nations entières, et travaillant de leurs mains pour se nourrir; annonçant l'Évangile au milieu des chaînes; brûlant de courage au milieu des circonstances les plus décourageantes, et portant leur croix après leur maître crucifié; non je ne conçois pas que de tels hommes, si le ciel n'a pas inspiré, conduit, favorisé leur immense entreprise, aient triomphé de tant d'obstacles, manifesté tant de constance et obtenu tant de succès.

Comment a-t-on pu persuader aux Romains, vainqueurs de tous les peuples, fiers de leur puissance, de leurs conquêtes et de leur gloire, de renoncer à leurs dieux; à des dieux associés à tous leurs triomphes, respectés par tous leurs ancêtres, consacrés par tous les monumens publics, de tous temps vénérés comme les fondateurs et les protecteurs de l'empire? et cela pour s'humilier devant le Dieu d'un peuple ignorant, vaincu et méprisé par eux; et que dis-je? pour s'humilier, non devant un dieu triomphant et glorieux, mais devant un homme, juif de naissance, pauvre de profession, persécuté par ses propres compatriotes et mis à mort entre deux brigands? Quelle est l'éloquence, quel est le talent de persuasion qui a pu enfanter un tel prodige? Qu'on m'explique comment tant de préjugés nationaux, politiques et religieux, tant de coutumes et de lois différentes, tant d'intérêts et de passions, en opposition avec l'Évangile, ont pu disparaître devant lui? Qu'on m'explique comment tant de peuples rivaux si différens par leur culte, leur langage, leurs mœurs et leurs habitudes, ont pu s'accorder à renverser tout ce qui était établi, pour recevoir une religion uniforme, pour plier sous le même joug et sous un joug qui n'était pas couvert de fleurs? Qu'on m'explique comment des peuples mous et dissolus ont pu s'accommoder d'une loi si austère? comment des nations barbares, farouches, indomptées ont pu se plaire à une religion si douce, si paisible, si pleine de tolérance et de magnanimité? Il n'y a que celui qui, *des pierres mêmes, peut faire naître des enfans à Abraham*, qui ait pu changer ainsi et les lois et les mœurs chez les hommes.

Il est vrai que les ministres de la religion n'ont pas toujours été humbles et désintéressés, que le culte n'a pas toujours été simple et dénué de pompe; que l'Église n'a pas toujours été paisible et tolérante; mais quand ces abus se sont introduits dans son sein, elle était déjà propagée; quand elle a cessé d'être tolérante, elle était déjà sur le trône; quand ses ministres ont dépouillé leur humilité, ils jouissaient de tout le pouvoir, de toute l'influence d'une religion dominante.

Mais, ce que j'ai le plus de peine à concevoir, c'est l'existence même de l'Évangile. Où a-t-il pris naissance? chez les nations les plus éclairées et les plus polies? non, chez le peuple étranger aux lumières de la philosophie. Qui l'a écrit? des savans, des rhéteurs célèbres? non, des hommes sans science, sans éloquence et sans art. Quelle est la doctrine qu'il renferme? est-ce celle du portique? est-ce celle du lycée? est-ce celle des philosophes de l'Orient? non, il renferme quelque chose qui n'a rien de commun avec tous ces systèmes, et qui leur est infiniment supérieur. Quel est l'ouvrage qui en a donné l'idée? Sur quel modèle l'Évangile a-t-il été formé? l'Évangile est un livre seul et unique dans son espèce; il n'a jamais eu de modèle, et n'aura jamais d'imitateur. Si l'on veut des théories brillantes, de fortes preuves, de belles démonstrations, on les trouvera sans doute dans un livre aussi célèbre? non, on n'y prouve rien; on n'y démontre rien; on n'y prévoit aucune objection; on n'y répond à aucune difficulté; on y dit simplement ce qui est, sans chercher à le faire croire, on y parle, sans art, sans apprêt, sans passion, sans enthousiasme, le langage simple et pur de la vérité.

Mais quel attrait y a-t-il donc dans ce livre, qui ait pu lui soumettre les esprits et les cœurs? Ah! un attrait que les hommes ne lui ont pas communiqué. Des faiseurs de tentes, des pêcheurs du bord du lac de Génésareth, sans étude, sans livres, loin des savans, des écoles, des académies, auraient-ils découvert avec certitude, des vérités que les philosophes soupçonnaient à peine, et mis à la portée du peuple des principes que les sages du monde avaient à peine compris? Non, ce n'est pas ainsi que les hommes inventent; ce n'est pas ainsi qu'ils exposent leurs vains systèmes. Si l'Évangile n'était que l'ouvrage des hommes, comment se ferait-il que l'esprit humain, si progressif, si perfectible dans toutes les sciences, fût demeuré stationnaire pour la religion; qu'il n'eût rien inventé depuis l'Évangile, et que l'ouvrage de quelques hommes sans science et sans éducation renfermât encore, après dix-huit siècles, le système le plus beau, le plus complet, le plus populaire et le plus consolant de morale et de religion? Comment se pourrait-il que l'auteur de l'Evangile ne fût qu'un homme; que celui qui prêche avec tant de force l'amour de la vérité, ne fût qu'un imposteur; que celui qui parle de la divinité avec un sentiment si profond de respect et d'amour, ne fût qu'un blasphémateur, qui se dirait le Fils de Dieu pour tromper les hommes? Non; le dessein impie d'abuser les hommes et d'emprunter faussement le titre et le pouvoir d'un Dieu, n'a jamais pu naître dans un esprit qui a conçu l'Évangile et dans un cœur qui l'a dicté. La sagesse de Dieu, voilà ce qui a dicté l'Évangile ; le pouvoir de Dieu, voilà ce qui l'a fait triompher et ce qui le fait triompher encore des préjugés des peuples, des artifices des prêtres du paganisme, des déclamations de l'esprit de parti, du pouvoir des grands de la terre, et des efforts de l'incrédulité.

On nous objecte que les progrès de l'Évangile sont depuis long-temps suspendus. Cela est vrai, et l'impiété n'a pas manqué de s'en prévaloir. Mais faut-il s'en étonner ? faut-il en attribuer la cause à l'Évangile ? ses progrès cessent au moment où les hommes en altèrent la pureté. Lorsque les fraudes pieuses remplacent la candeur et le langage énergique et vrai des premiers apôtres de la foi ; lorsque les fausses légendes, les miracles supposés, les cérémonies pompeuses, et toutes les pratiques de la superstition, viennent mêler leur alliage impur à l'auguste simplicité de l'Évangile ; lorsque les princes chrétiens, devenus persécuteurs, déploient la terreur de leurs armes pour hâter la conversion des peuples ; lorsque les hommes, en un mot, prétendent mêler leur œuvre à celle du Seigneur, cette œuvre n'avance plus ; Dieu retire son esprit ; il ne veut pas favoriser les progrès de l'erreur ; il ne veut pas associer les lumières de son esprit aux rêveries des hommes ; il dédaigne l'appui persécuteur des rois de la terre, et les artifices de ses propres ministres lui sont en abomination; il cesse en un mot de protéger une œuvre qui n'est pas la sienne, et cette œuvre privée de son principal appui, n'étant plus soutenue que par des efforts et des ressources indignes d'elle, demeure stationnaire et recule même au lieu d'avancer.

Combien de fois n'a-t-on pas voulu depuis ramener les temps apostoliques, et propager parmi les nations infidèles le règne de Jésus-Christ? De nombreux ministres ont traversé les mers; ils étaient pleins de confiance; ils devaient changer la face du monde; on espérait beaucoup de leurs efforts; mais ils avaient oublié de prendre avec eux l'Evangile. Ils ont planté la croix; ils ont appelé les peuples autour d'elle, mais les peuples ne sont pas accourus, parce que Dieu n'avait pas touché leurs cœurs. Alors, ô honte du nom chrétien! des flots de sang ont coulé pour propager la loi du plus doux, du plus charitable, du meilleur des maîtres; le glaive a remplacé l'Évangile, et les flammes des bûchers, la lumière de l'Esprit-Saint. Mais la violence de ces moyens était en harmonie avec le but qu'on s'était proposé. C'étaient des peuples qu'on voulait conquérir, et non des enfans qu'on voulait donner à l'Église. C'étaient des trésors qu'on voulait amasser, et non des âmes qu'on voulait amener à l'obéissance de Jésus-

Christ. Aussi vit-on ces peuples conquis par le glaive ou séduits par les fraudes pieuses et par les artifices de la superstition, allier le culte des faux dieux à quelques pratiques de l'Église de Rome, et placer à côté de leurs idoles l'image de la Vierge et celle de Jésus-Christ. Quels chrétiens, grand Dieu! et quel christianisme!

Mais ce que la superstition et la violence n'avaient pu faire pour la conversion des peuples, l'Évangile l'a fait de nos jours par la seule force de la vérité, par le seul empire de la persuasion. Dieu s'est souvenu, dans sa miséricorde, de sa promesse au patriarche Abraham : *toutes les nations de la terre seront bénies en ta semence.* Il a eu pitié de cette immense portion de sa famille, qui vivait étrangère aux consolations et aux espérances évangéliques. Ce Dieu, qui est le maître des esprits et des cœurs, a réveillé d'un seul de ses regards le monde chrétien. Les étincelles de sa grâce ont fait revivre, chez les communions réformées toute la ferveur des temps apostoliques. *Allez, instruisez toutes les nations,* s'est-il écrié du haut des cieux ; et à sa voix, les cœurs qui lui étaient restés fidèles ont senti renaître leur amour pour l'Évangile, et avec lui le désir de le répandre et le besoin de le faire aimer. Chacun s'est cru redevable envers les pauvres idolâtres; chacun s'est cru dans l'obligation d'étendre le règne de l'Évangile autrement que par des vœux stériles et des prières sans effet. *Les temps sont venus*, ont-ils dit avec saint Paul, *où quiconque invoquera le nom du Seigneur sera sauvé; mais comment invoqueront-ils celui en qui ils n'ont point cru? et comment croiront-ils en celui duquel ils n'ont point ouï parler? et comment en entendront-ils parler, s'il n'y a personne qui le leur prêche? et comment le leur prêchera-t-on, s'il n'y en a pas qui soient envoyés? La moisson est grande*, et le Seigneur, touché de nos prières, *enverra sans doute des ouvriers à sa moisson;* mais c'est à nous à leur donner le salaire. Nos faibles offrandes seront perdues sans doute dans la multitude des dons offerts par tous les vrais enfans de l'Église; mais elles porteront du moins quelques gouttes à la fontaine des eaux vives; le Seigneur saura que nous l'aimons, puisque nous voulons accroître le nombre de ceux qui l'aiment; et celui qui ne laisse pas sans récompense un verre d'eau froide, se souviendra dans son règne, de ce que nous aurons fait pour l'Evangile, pour nos frères et pour lui.

Ce noble élan s'est communiqué de proche en proche, les hautes classes de la société l'ont partagé comme les plus pauvres et les plus obscures; et tandis que le riche prodiguait ses trésors pour la cause de l'Evangile, le pauvre a prodigué le fruit de ses sueurs. Toutes les sectes réformées ont rivalisé de zèle et d'ardeur, ou plutôt, oubliant leurs divisions et ne formant qu'un cœur et qu'une âme, elles se sont donné la main pour la plus sainte des causes; adorant le même Sauveur et recevant le même Evangile, elles n'ont plus connu d'autre besoin que celui de le faire connaître, d'autre sentiment que l'espérance de le faire goûter, et le résultat de cette immense et noble association a été le réveil du monde idolâtre. L'Eglise a vu se renouveler dans son sein les prodiges d'amour, de confiance et de dévouement qui signalèrent sa naissance; et, par des bénédictions toujours croissantes, le ciel a daigné marquer son approbation. Le don des langues a reparu; l'Evangile les a toutes parlées; ce missionnaire muet mais éloquent, a traversé les mers pour être la lumière des nations. A son aspect, les yeux s'ouvrent, les idoles tombent, les coutumes barbares disparaissent, les esprits se dépouillent de leur ignorance et les cœurs de leur férocité. Les paroles du salut retentissent d'un pôle à l'autre; et chaque peuple dans son langage entend parler des merveilles du royaume des cieux.

Qui ne reconnaîtrait ici le doigt de Dieu et l'œuvre inattendue de sa paternelle providence? Qui aurait pu le prévoir, il y a vingt ans; qui eût osé l'espérer, ce retour universel à l'Evangile?

Quel changement subit dans les esprits et dans les cœurs ! Quel heureux concours de circonstances ! Les guerres et les révolutions qui ont ébranlé l'Europe, et dont l'esprit humain ne pouvait prévoir l'issue, ont donné la plus grande puissance aux deux nations les plus disposées à la déployer en faveur de l'Evangile. La Russie, l'Angleterre, qui tiennent sous leur influence immédiate un tiers du monde connu, font prêcher la bonne nouvelle aux peuples de leur domination. L'œuvre étonnante des Sociétés bibliques a rendu en quelque sorte à l'Eglise le don des langues. Trois millions d'exemplaires des Saintes Ecritures, sortis des seules presses de l'Angleterre, se sont répandus à grands flots sur le monde païen. Un nouveau mode d'enseignement mutuel et rapide, met les lumières évangéliques à la portée de la génération naissante. Les épis jaunissent, la moisson est mûre, et le maître de la moisson suscite partout des ouvriers, qu'il anime de son esprit, qu'il enflamme de son ardente charité. La même main qui convertit autrefois les nations de l'empire, par le ministère de douze pauvres villageois, dirige et soutient les nouveaux apôtres de l'Evangile ; il semble que les jours de triomphe promis à l'Eglise vont luire sur elle ; il semble que les oracles s'accomplissent, et que toutes les nations de la terre vont rendre gloire à Jésus et à sa croix. Ah ! je le ré-

pète, qui aurait pu le prévoir, qui eût osé l'espérer? Et dans quel temps? Lorsque le règne de l'Evangile semblait devoir prendre fin, lorsque l'irréligion avait conçu l'horrible espoir de l'anéantir, « lorsque tant d'esprits superbes, dans leur
» orgueilleux délire, avaient attaqué le ciel par
» des pensées audacieuses et des doutes impies,
» qui eussent attiré la foudre sur leurs têtes, si
» l'homme et ses outrages pouvaient exciter autre
» chose que le sourire du mépris ou la pitié du
» ciel. » Lord Byron, *Pélerinage de Childe Harold.*

DURAND fils.

FIN.

TABLE DES MATIÈRES

CONTENUES

DANS CE VOLUME.

AVANT-PROPOS DU TRADUCTEUR. Page   v
AVERTISSEMENT DE L'AUTEUR........ xxv
INTRODUCTION...................... xxvij
PREUVES DE LA VÉRITÉ DE LA RELI-
GION CHRÉTIENNE.
CHAPITRE PREMIER. La révélation est utile et né-
    cessaire................................... 1
Observation................................ 30
Notes du chapitre premier.................. 37
CHAP. II. L'histoire évangélique est vraie....... 42
SECT. PREMIÈRE. L'Évangile considéré comme une
    portion de l'histoire ancienne............... 44
SECT. II. De l'argument tiré des prophéties..... 86
SECT. III. La foi des premiers disciples fut l'effet
    non d'une aveugle crédulité, mais d'une con-
    viction fondée............................ 106
SECT. IV. L'excellence et le caractère particulier
    du christianisme, preuve de sa vérité........ 152
Observation................................ 178
Notes du chapitre second................... 182

Chap. III. Réponse aux objections....... Page 198
Première objection. Le nombre et les talens des incrédules................................ 205
Seconde objection. Moralité des incrédules..... 225
Troisième objection. Obscurité de quelques préceptes et de quelques passages de l'Évangile. 239
Quatrième objection. Contradictions apparentes de quelques points de l'histoire évangèlique. De l'inspiration........................ 249
Cinquième objection. De la prétendue incompatibilité du christianisme avec le cours ordinaire des affaires humaines.................... 259
Sixième objection. De l'apparente inefficacité de l'Évangile pour réformer le genre humain.... 272
Septième objection. Peu d'importance de l'espèce humaine dans l'immensité de l'univers....... 288
Notes du chapitre troisième................. 302
Fragment sur la nécessité d'admettre l'intervention de Dieu pour expliquer les rapides progrès de l'Évangile, tiré des *Mélanges religieux*, année 1822............................ 338

FIN DE LA TABLE.

DE L'IMPRIMERIE DE DAVID.

ERRATA.

Pag. vij, lig. 5, ait, *lisez* aient.
xvij, lig. 17, sévère, *lisez* sévères.
9, lig. 16, divine, *lisez* divines.
124, lig. 23, sort, *lisez* sorti.
143, lig. *id.* convenri, *lisez* convenir.
249, lig. 18, da, *lisez* de.
285, lig. 7, s'ils, *lisez* s'il.
idem, lig. 8, trouvent, *lisez* trouve.
idem, lig. 9, s'ils, *lisez* s'il.

www.ingramcontent.com/pod-product-compliance
Lightning Source LLC
Chambersburg PA
CBHW060557170426
43201CB00009B/804